Silke Lambeck

Was macht der Kater, wenn ich schlafe?

Silke Lambeck

Was macht der Kater, wenn ich schlafe?

Mit Bildern von Karsten Teich

GERSTENBERG

1

Morgens ist, wenn der Kater nach Hause kommt.

Fritze braucht keinen Wecker, denn sie wacht davon auf, dass Mika reinwill. Er steht vor der Wohnzimmertür und maunzt. Wenn es ihm nicht schnell genug geht, wird er richtig laut. »Dieser Kater ist eine Landplage«, sagt Mama, wenn sie sonntags ausschlafen will. Fritze findet nicht, dass der Kater eine Landplage ist, sondern eher, dass Mama nicht so lange schlafen soll. Papa natürlich auch nicht. Sie sollen lieber aufstehen und mit ihr frühstücken und sich Sachen überlegen, die man zusammen unternehmen kann. Nicht dass Fritze sich nicht auch Sachen überlegen könnte. Aber im Laufe der Zeit hat sich rausgestellt, dass die Sachen, die Fritze machen will, und die Sachen, die Mama und Papa machen wollen, verschieden sind. Mama zum Beispiel hält nichts von Freibädern, Papa findet Jahrmärkte doof und beide zusammen gehen nicht gerne auf Spielplätze. Mama sagt, sie wird von Spielplätzen trübsinnig, und Papa hat sich auf dem Spielplatz mal derart mit einem anderen Vater angelegt, dass Fritze seitdem lieber ohne ihn geht.

Irgendwas fällt ihnen dann doch meistens ein. Rad fahren. Minigolf. Spazieren gehen und Eis essen. Federball spielen. So Sachen. Mika muss nicht darüber nachdenken, was er tags am liebsten tut. Denn tagsüber schläft er. Am liebsten in Fritzes Bett. Da darf er nicht hin. Fritze lässt ihn trotzdem. Heimlich.

In der Woche beschwert sich keiner über Mika, weil alle früh aufstehen müssen und dann »nüscht wie los«. Das sagt Papa, wenn Fritze sich beeilen soll. Und er auch. Fritze muss in die Schule, das dauert ein bisschen. Papa fährt mit dem Fahrrad quer durch die Stadt in seine Computerfirma. Er repariert Leuten die Laptops und so was. Mama arbeitet um die Ecke und repariert nichts. Sie macht irgendwas Kompliziertes mit Zahlen und Steuern. Fritze ist manchmal bei ihr im Büro und findet es da sehr, sehr langweilig. Sie weiß jetzt schon, dass sie später nicht im Büro arbeiten will.

Mika heißt eigentlich Miezekatze. Aber erstens war ihnen das auf Dauer zu lang. Und zweitens ist er ja ein Kater. Heute miaut Mika besonders laut, als er reinwill, und zwar schon um sechs. Fritze flitzt gleich, um die Tür aufzumachen. Normalerweise begrüßt er sie, indem er den Kopf an ihrem Bein reibt. Aber diesmal schießt er ins Haus und in die Küche, ohne sie auch nur anzusehen. »Komisch«, denkt Fritze. Sie läuft Mika hinterher und fragt: »Ist irgendwas passiert?« Und jetzt kommt er doch und reibt den Kopf an ihrem Bein. Er guckt sie mit seinen großen gelben Augen an und maunzt. Fritze streichelt ihn und denkt: »Was macht der Kater, wenn ich schlafe?«

6

2

»Mama, was macht der Kater, wenn ich schlafe?«

Es ist sieben Uhr und Mama steht halb nackt im Bad. Sie tuscht die Wimpern.

»Ich … keine Ahnung.« Mama sieht nicht so aus, als ob sie noch länger darüber reden oder auch nur nachdenken will. Die Wimperntusche ist verschmiert und sie reibt hektisch an den Augen herum. »Was Kater so machen. Rumstreunen. Nehme ich an.« Die Wimperntusche ist weg und sie fängt wieder neu an. Dann tupft sie sich Creme ins Gesicht und sagt zu Fritze: »Zieh dich an, wir wollen gleich frühstücken!«

Mama ist morgens immer nervös. »Ich sollte früher aufstehen«, seufzt sie jeden Tag, aber dann macht sie es doch nicht. Stattdessen geht sie spät ins Bett. Papa ist morgens fröhlich, aber in etwas zackiger Laune. Er erzählt ihr gerne, dass der frühe Vogel den Wurm fängt, was Fritze nicht versteht, weil die Würmer ja immer da sind und die Vögel dafür nicht extra früh aufstehen müssen. Jedenfalls ist Papa morgens auch nicht zu Plaudereien aufgelegt, weil er schon früh anfängt, Mails zu lesen und zu telefonieren.

Fritze nimmt sich vor, am Nachmittag ihren Opa zu fragen. Er weiß so ziemlich alles. Auch Dinge, die er nicht weiß. Montag ist

sie immer bei Oma und Opa, weil Mama und Papa lange arbeiten und es in der Schule keine AGs gibt. Sie darf sich wünschen, was es zu Mittag gibt, Oma hilft ihr bei den Hausaufgaben und danach gehen sie auf den Piratenspielplatz. Oma wird auf dem Spielplatz nicht trübsinnig. Wenn Fritze vom Klettergerüst kommt, unterhält sie sich fast immer mit Leuten, die neben ihr sitzen. Jedes Mal sagt sie hinterher: »So nette Leute!« Dabei strahlt sie und erzählt ein bisschen, was sie gerade alles erfahren hat, und Fritze hat das Gefühl, dass sie es kaum erwarten kann, am nächsten Montag wieder mit ihr auf den Spielplatz zu gehen.

Im Sommer geht Opa mit Fritze schwimmen. Oder übt mit ihr Tischtennis. Oder erzählt ihr von früher. Mama sagt, dass er die Hälfte der Geschichten erfindet. Aber das ist Fritze egal. Sie hört ihm trotzdem gerne zu.

Jedenfalls: Sie wird Opa mal fragen, wegen dem Kater.

In der Schule ist heute ein schöner Tag, weil sie im Schulgarten arbeiten und nicht die ganze Zeit stillsitzen müssen. Fritze zieht Vogelmiere und Löwenzahn aus einem Beet mit bunten Blumen und wirft die Pflanzen auf einen großen Komposthaufen. Der Löwenzahn leuchtet schön gelb aus dem Schatten und Fritze fragt sich, warum eigentlich der Löwenzahn Unkraut ist, obwohl er auch wie eine Blume aussieht. »Warum ist der Löwenzahn Unkraut?«, fragt sie ihre Lehrerin Frau Schmietendorf. »Weil er alles andere überwuchert«, antwortet die. »Eigentlich wächst er einfach nur dazwischen«, sagt Fritze. »Trotzdem«, sagt Frau Schmietendorf. Fritze findet, dass »Trotzdem« keine richtige Antwort ist. Dann ist die Gartenstunde auch schon vorbei.

Im Kunstunterricht, bei Herrn Gomez, malen sie einen Farb-kreis. Fritze gibt sich große Mühe, aber die Tuschefarben laufen ineinander, weil sie zu viel Wasser nimmt. Sie muss noch mal an-fangen, und als es klingelt, hat sie erst ein Viertel geschafft. »Nimm es mit nach Hause«, sagt Herr Gomez »dann kannst du es bis Donnerstag fertig machen.« Fritze räumt das Bild in ihre Zei-chenmappe. Es ist doof, dass sie zu Hause weitermachen muss. Sie malt gerne, aber nicht im Sommer. Malen ist was für den Winter. Wie Lesen. Und Filme gucken.

Danach ist noch Mathe. Fritze liebt Mathe und sie ist megagut darin. Ihr Kopf rechnet alles viel schneller als die Köpfe der anderen Kinder. Manchmal meldet sie sich nicht, damit es nicht so auffällt.

Auf dem Weg zu den Großeltern muss Fritze über eine große Straße und sie schafft es kaum über die Ampel, als schon wieder rot ist. Ein großes Auto, das links abbiegen will, hupt laut. Fritze rennt los und streckt dabei dem Fahrer die Zunge raus.

3

Bei Oma und Opa gibt es Fischstäbchen und Fritze erzählt von der Schule, vom Löwenzahn und vom Farbkreis. Oma sagt, dass sie Tee aus Löwenzahn kocht und dass das wirklich kein Unkraut ist. »Es werden Pusteblumen draus«, sagt sie. »Warum sollte man sie abreißen?« Sie reden noch ein bisschen über Gärten und Blumen. Dann räumt Oma ab und sagt: »Ich ruh mich einen Moment aus. Anschließend können wir auf den Spielplatz gehen.«

Fritze und Opa bleiben am Tisch und Fritze fällt wieder ein, was sie mit ihm besprechen wollte. »Opa«, sagt sie, »was macht der Kater, wenn ich schlafe?«

Opa trinkt einen Schluck von seinem Kaffee und setzt die Tasse vorsichtig ab. »Was denkst du?«, fragt er und sieht Fritze an.

»Ich weiß nicht so genau«, sagt Fritze. »Schlafen tut er tagsüber. In meinem Bett. Aber sag's nicht meinen Eltern.« Sie denkt einen Moment nach. »Mama sagt, er fängt Mäuse. Aber ich glaube, er ist satt von unserem Essen. Und dann ist so eine Maus ja auch schnell gefressen.«

»Wohl wahr!«, sagt Opa. »Du kannst zumindest logisch denken.«

»Ich bin auch gut in Mathe«, sagt Fritze.

»Klar«, sagt Opa und nickt anerkennend.

Dann sagt er: »Der Kater trifft sich nachts mit seinen Freunden.«

»Wie?«, fragt Fritze.

»Wusstest du nicht, dass es richtige Kater-Gangs gibt?«

»Nee«, sagt Fritze und denkt, dass das wahrscheinlich wieder eine von diesen Opa-Geschichten ist. Aber egal. Sie hört ihm trotzdem zu. »Wie ist das mit den Gangs?«

Opa sagt: »Wenn Kater irgendwo neu hinkommen, suchen sie sich Kumpel, mit denen sie durch die Gegend ziehen können. Erst mal kloppen sie sich ein bisschen, aber dann raufen sie sich zusammen.«

»Hm«, sagt Fritze. »Meinst du echt?«

»Klar«, sagt Opa. »Ist doch sonst langweilig, so ganz alleine.«

Verstehen könnte sie es, schließlich hat Mika sonst immer Menschen um sich. Das ist für einen Kater wahrscheinlich nur so mittellustig. Sie kann ihn zwar streicheln und mal mit ihm spielen. Aber unter die Hecke passt sie nicht, das hat sie neulich mal versucht. Sie hat sich das Gesicht zerkratzt und das T-Shirt zerrissen. Fritze denkt einen Moment nach. »Ich hab ihn ja schon öfter mit dem roten Kater gesehen«, sagt sie. »Und gehauen haben sie sich nur am Anfang.«

»Siehst du«, sagt Opa zufrieden.

Andererseits: Opa ist kein Kater. Was weiß er schon?

4 Die Geschichte von Mika und seiner Gang

Allora … am liebsten bin ich, wo ich es kenne. Ich hab es auch nicht so mit dem Verreisen, schon allein wegen der Katzenbox. Wobei … nach Italien würde ich schon gerne mal. Ich habe schließlich eine italienische Großmutter. Sie wurde Bella Nera genannt, weil sie so schönes schwarzes Fell hatte, und sprang eines Tages auf einen Lastwagen mit einer Riesenladung Fisch in Richtung Norden. Irgendwann sprang sie wieder runter, da war sie schon in Deutschland. Hier lernte sie meinen Großvater kennen, der Leopold hieß und weder schwarz noch schön war. Dafür sehr charmant. Er lebte auf einem Bauernhof mit genügend Mäusen für beide und sie zog zu ihm und bekam jede Menge Kinder. Allen erzählte sie von Italien. Es muss ein Paradies für Katzen und Kater sein. Überall wird man gefüttert und gestreichelt und es gibt sehr, sehr viele Fischrestaurants. Meine Verwandten sprechen alle Italienisch, das mussten wir lernen. Ich auch. Meine Menschen haben mich noch nie nach Italien mitgenommen. Stattdessen zogen sie letztes Jahr von einer Wohnung in ein Haus. Seitdem weiß ich, dass Umziehen noch schlimmer ist als Verreisen.

Es fängt schon mit der Unordnung an. Un grande casino! Meine Menschen liefen wochenlang durch die Wohnung und brachten alles durcheinander. Sie packten Bücher, Geschirr, Spielsachen und Kleider zusammen und stellten meine Lieblingsecken voll. Sie hätten das ja wenigstens nachts machen können, wenn ich wach bin. Aber nein, sie lärmten und kramten den ganzen Tag – es war ihnen egal, dass ich nicht mehr zur Ruhe kam. Und eines Morgens standen fremde Männer in der Wohnung und trugen die Möbel raus. Ich versteckte mich in der hintersten Ecke und schließlich kroch ich unter die Badewanne. Da war es zwar immer noch nicht ruhig, aber wenigstens konnten sie mich nicht aus Versehen treten. Irgendwann hörten die Rufe der Männer auf, dafür fing Fritze an, nach mir zu rufen. »Mika … Mika … Süßer, komm doch!«, rief sie. Ich blieb schön, wo ich war. Mir war die Sache nicht geheuer. Fritze gab nicht auf. Sie lief in der ganzen Wohnung herum und ich hörte sie mal weiter und mal näher rufen. Schließlich sagte die Mama: »Fritze, wir müssen fahren. Wir kommen nachher noch mal wieder.«

»Ich fahre nicht ohne Mika«, sagte Fritze. Was ja ziemlich nett von ihr war, muss man sagen.

Ich überlegte noch einen Moment und kroch dann unter der Badewanne hervor. Das war erschreckend schwierig. Früher war ich wohl etwas schlanker.

Fritze stand im Flur, und als ich die Katzenbox sah, wäre ich am liebsten gleich wieder unter die Wanne gekrochen. Aber sie hatte etwas köstlich Riechendes in der Hand. Es war der wundervolle rosa Fisch, den ich nur an besonderen Feiertagen bekam. Sie schob ihre Hand vorsichtig in die Box.

Warum sollte ich den Fisch nicht nehmen? Mein Hinterteil ließ ich einfach draußen. Fritze hielt ihn mir direkt vor die Nase. Es duftete herrlich. Ich versuchte, ein Stück zu schnappen, aber nun war der Fisch ein Stück weiter vorne. Ich reckte meinen Hals und streckte die Zunge raus … nichts. Es konnte vielleicht nicht schaden, mit einem Hinterbein in die Box zu steigen. Mein Schwanz war ja noch draußen. Der Fisch war jetzt direkt vor mir, und gerade als ich ihn zu fassen bekam, gab mir jemand von hin-

ten einen Schubs. Die Klappe wurde vorgeschoben und ich saß in der Falle. Ich musste mich kurz zwischen wütendem Jaulen und dem Fisch entscheiden. Der Fisch gewann. Dann begann ich zu miauen. So laut und so elend ich konnte. Sollte bloß niemand denken, dass ich mich mit ein bisschen Fisch bestechen ließ.

Als wir im neuen Haus ankamen, kroch ich in die hinterste Ecke und ließ mich tagelang nicht blicken. Nur nachts kam ich raus, um zu fressen und mir in aller Ruhe das Haus anzugucken. Es war ziemlich groß. Alles roch ganz anders als in der anderen Wohnung. Ich suchte mir eine Ecke hinter dem Sofa und beschloss, in Zukunft da zu schlafen. Und eines Tages, nach ein paar Wochen, entdeckte ich das Paradies. Es lag direkt hinter der offenen Wohnzimmertür und war ein Garten. Es roch wunderbar und überall liefen Mäuse herum, die ich jagen konnte. Nicht dass ich welche fing. Aber ich liebte es, ihnen hinterherzulaufen. Und so lernte ich Rudi kennen.

Ich jagte gerade einer besonders schnellen Maus hinterher und hatte sie fast am Schwanz, als ich plötzlich einen gewaltigen Hieb bekam und zur Seite flog. Ich rappelte mich hoch und sah, dass ich in einem anderen Garten war. Vor mir stand ein mächtiger roter Kater und schaute grimmig auf mich herab. Ich drückte mich in die Erde und guckte haarscharf an ihm vorbei. Mein Gefühl war, dass ich ihn besser nicht noch wütender machen sollte. Er gab ein drohendes Jaulen von sich und kam noch näher. Ich versuchte, mit der Erde zu verschmelzen und gleichzeitig rückwärts Richtung Gebüsch zu kommen. Sehr, sehr langsam. Und dabei ein bisschen bella figura zu machen. Das bin ich mir schuldig. Und meiner Großmutter. Aber ich glaube, sehr beeindruckend war es nicht. Er schlich mir hinterher. Und dann, als ich nicht mehr weiter nach hinten konnte, weil mein Hinterteil an den Zaun stieß, rief eine Frau: »Rudi!« Der Kater fauchte mich an und drehte dann betont langsam um. Klar tat er das. Es gab Fressen.

Das mit dem Fressen konnte ich gut verstehen. Der rote Kater und ich schienen zumindest eine Gemeinsamkeit zu haben. Auch wenn sich das jetzt komisch anhört: Plötzlich hatte ich einen Freund. Nicht sofort natürlich. Wir schlugen und jagten uns ein paar Wochen, hieben uns die Krallen in den Rücken und jaulten uns an. Aber eines Tages sah Rudi mich nur an, als ich in seinen Garten kam. Von da an war ich nicht mehr alleine. Und das war ziemlich cool. Denn Rudi kannte jeden Kater in unserer Nachbarschaft. Und da er mich nun nicht mehr bekämpfte, griff mich auch kein anderer an. Nicht Samson aus der Reihenhaussiedlung. Nicht Bart, der in einer prachtvollen Villa wohnte. Und auch nicht Tobi von schräg gegenüber. Nachts, wenn alle schliefen, zogen wir gemeinsam durch die Parks und Gärten, jagten Ratten und Mäuse und erzählten uns unser Leben. Alles Jungs. Natürlich.

5

Oma ist vom Mittagsschlaf aufgestanden und möchte losgehen. »Viel Spaß!«, sagt Opa und greift nach seiner Zeitung. Weil heute die Sonne scheint, ist auf dem Spielplatz ziemlich viel los. Fritze sieht von Weitem Lina und Leo aus ihrer Klasse und verbringt die nächsten Stunden damit, mit den beiden »Fluch der Karibik« auf dem Piratenschiff nachzuspielen. Fritze ist Jack Sparrow.

Schließlich sind sie müde und Leo muss nach Hause. Oma hat sich sehr angeregt mit einer Mutter auf der Bank neben ihr unterhalten. »Wollen wir Eis essen gehen?«, fragt sie Fritze. »Supergerne«, sagt Fritze und sie hüpfen zusammen zum Eisladen. Also, Fritze hüpft. Oma eher nicht.

Fritze sucht sich Himbeere und Vanille aus und sie setzen sich an einen der kleinen Tische vor dem Laden. Die Sonne scheint und alles ist herrlich. »Oma«, fragt Fritze, »was macht der Kater, wenn ich schlafe?«

Oma hört auf, ihr Schokoladeneis zu essen. »Er ist nachts immer unterwegs, oder?«, fragt sie.

»Schon am Abend«, sagt Fritze.

»Na ja, zu spät darf er natürlich nicht los«, sagt Oma. »Denn abends geht der Kater ins Restaurant.«

Fritze muss lachen. Als ob! Sie stellt sich Mika an einem Tisch mit Messer und Gabel vor. Und muss noch mehr lachen.

»Ein Kater geht nicht ins Restaurant«, stellt sie schließlich fest.

»Oh, doch«, sagt Oma. »Kater sind unglaublich schlau, wenn es darum geht, an Leckerbissen zu kommen. Das habe ich selber schon gesehen.«

Fritze hat es auch schon gesehen. Sie denkt daran, wie einmal Freunde eingeladen waren und es Lachs zum Frühstück geben sollte. Sie war noch im Bad und Mama und Papa machten in der Küche Obstsalat und Spiegeleier, als es plötzlich laut schepperte. Mama schrie »Mika!« und fluchte laut. Fritze ließ alles fallen und rannte ins Esszimmer. Und sah gerade noch, wie Mika vom Esstisch sprang und mit einem Satz unter dem Sofa verschwand – im Maul ein großes Stück von dem Lachs, der schon auf einem Teller auf dem Tisch gestanden hatte. Der Teller lag kaputt auf dem Fußboden, den Orangensaft hatte Mika umgekippt und in der Butter waren Tatzenspuren zu erkennen – genau wie auf dem Fußboden jetzt Butterspuren zu sehen waren.

»Mika isst echt gerne Fisch«, sagt Fritze.

»Tun alle Katzen«, sagt Oma.

»Aber woher soll Mika wissen, wo ein Restaurant ist?«, fragt Fritze.

»Das riechen die«, sagt Oma.

»Bei uns in der Nähe gibt es gar keine Restaurants«, sagt Fritze.

Fritze hat ihr Eis längst aufgegessen und Oma steht auf. »Komm, Süße, wir müssen los.« Mama will sie auf dem Heimweg von der Arbeit abholen und es ist schon halb sechs. Aber Fritze denkt immer noch über die Geschichte mit dem Restaurant nach. Oma hat schon recht mit den Leckerbissen. Aber sie ist ja keine Katze. Was weiß sie schon?

6 Die Geschichte von Mika im Restaurant

Mit Rudi und den anderen entdeckte ich jeden Tag etwas Neues. Verschwiegene Ecken, lauschige Plätze. Offene Schuppen, in die man flüchten konnte, wenn es regnete. Flache Teiche, in denen Fische schwammen, die man nie fing. Ich lernte die Geräusche in unserer Nachbarschaft kennen. Die Frösche, die nachts quakten, die singenden Vögel. Die Nachbarin rechts neben uns übte abends Klavier. Und der Nachbar gegenüber benutzte am liebsten die Kreissäge. Auch abends. Ein paar Straßen weiter gab es einen Kaninchenstall, den wir nicht aufbekamen. Einmal mussten wir ziemlich rennen, weil uns ein Fuchs auf unserer Straßenseite entgegenkam. Und zwar so, als ob die Straße ihm gehörte.

Füchsen kann man nicht trauen. Alleine hätte ich mich nie so weit von meinen Menschen weggetraut – wer weiß, wen man so trifft. Aber mit den anderen zusammen war es einfacher. Sie wussten immer den Weg zurück. Zumindest Rudi – und der wohnte ja nun wirklich direkt neben mir.

Eines Tages waren wir noch viel weiter weg als sonst: Bart, Tobi, Samson, Rudi und ich. Es war nicht mehr so grün wie bei uns, es gab mehr Häuser und mehr Autos. Ich miaute so laut, dass Rudi sich umdrehte. »Es ist zu weit«, sagte ich. In Katzensprache. Meine Menschen würden wahrscheinlich denken, dass ein Baby weint. »Weichei«, antwortete Samson, der immer etwas angeben musste. Er ist ein Angorakater und bildet sich sonst was auf sein prächtiges Fell ein, das einmal im Jahr abrasiert wird, weil er sich nicht bürsten lässt. Als ich ihn einmal kurz danach sah, war er klapperdürr und kein bisschen eindrucksvoll. Seitdem nehme ich ihn nicht mehr so ernst. Jedenfalls: Rudi drehte sich noch nicht mal um. Ich miaute etwas lauter. Schon klar, dass Rudi irgendwie unser Chef war, aber deswegen musste ich ihm noch lange nicht sinnlos hinterherspazieren.

Rudi blieb stehen und funkelte mich mit seinen grünen Augen an. »Was ist?« knurrte er. »Wir waren hier noch nie«, sagte ich.

»DU warst hier noch nie«, knurrte er. »Kannst gerne umdrehen.«

Etwas unentschieden blieb ich mitten auf der Straße stehen. Ich war mir nicht sicher, ob ich den Weg zurück alleine finden würde. Dann hörte ich hinter mir ein Auto mit quietschenden Reifen und machte einen Satz auf den Bürgersteig. Damit war die Sache entschieden. Ich lief weiter hinter den Jungs her. Bart wackelte mit dem Hintern und schlug mir seinen Schwanz ins Gesicht und ich hieb mit der Pfote nach ihm. Nach einer Minute keilten wir uns, bis Rudi dazwischenging und uns auseinandertrieb. »Ihr seid echte Straßenkater!«, fauchte er. »Es tut mir schon leid, dass ich euch mitgenommen habe.«

Mittlerweile war es ziemlich voll auf dem Bürgersteig und wir schlugen uns in die Hinterhöfe. Es war anstrengend, zwischen den Menschen zu laufen. Erst mal rochen sie nach allem Möglichen. Manchmal auch nach Hunden oder Katzen. Manche hatten Angst vor uns. Andere wollten uns streicheln. Wer lässt sich schon von Fremden streicheln. Ich nicht.

Nach einer Weile lotste Rudi uns wieder auf die Straße. Dann machte er vor einem Restaurant mit hohen Scheiben halt. Darüber hing ein Schild mit blauen Wellen. »Kommt!«, zischte Rudi. Neben dem Eingang zum Restaurant war eine Hofeinfahrt und da liefen wir hinein. Rechts um die Ecke war eine Stahltür. Rudi setzte sich direkt davor. »Was soll das?«, jaulte Tobi. Er jaulte immer. Normalerweise kriegt er dann erst mal eins auf die Nase, aber jetzt wollten auch wir mehr wissen. »Wirst schon sehen«, sagte Rudi. »Geht mal ein bisschen in die Ecken.« Wir verkrümelten uns gerade rechtzeitig, denn die Tür ging mit lautem Quietschen auf. Ein Mann blickte in den Hof und sah Rudi da sitzen. »Na, Alter«, sagte er und streichelte ihm über den Kopf. Warum um alles in der Welt ließ Rudi der Große sich das gefallen? Und dann stellte der Mann einen Eimer vor Rudi und ging zurück ins Restaurant.

»Kommt!«, rief Rudi. Als wir bei ihm waren, begriffen wir alles: In dem Eimer lag Essen. Nicht irgendwelches Essen. Nein, da lagen Fischreste. Roh und gekocht und so viel davon, dass Rudi es unmöglich allein essen konnte. Er kippte den Eimer mit der Pfote um und wir machten uns über das Festmahl her. So stelle ich mir Italien vor. Il Paradiso!

Hinterher lagen wir im Park und dösten vor uns hin. Tobi und Bart jagten sich ein bisschen und ich blickte einer Maus hinterher, die ziemlich frech direkt vor meiner Nase herumgeturnt war. »Ich hab noch nie so gut gegessen«, maunzte Samson.

»Tja«, sagte Rudi zufrieden und leckte sich den Bauch. »Kontakte.«

Ich hieb ihm spielerisch auf den Kopf. Er grinste. Rudi hielt sich für einen tollen Freund, glaube ich. Und das war er ja auch. Un vero amico, würde meine Großmutter sagen.

7

Als sie abends zu Hause ankommen, rennt ihnen Mika schon am Eingang entgegen. »Oh, ich glaube, er hat großen Hunger«, sagt Mama. Er reibt sich an ihrem Bein und maunzt elendig. Schnell stellt sie die Einkaufstaschen hin und öffnet den Schrank.

»Gib ihm mal von der Fischdose«, schlägt Fritze vor. Für einen Moment denkt sie, dass Mika ihr zuzwinkert. Dann stürzt er sich auf seinen Napf, als hätte er seit Wochen nichts mehr gefressen. Dabei weiß Fritze genau, dass sie ihm morgens was gegeben hat. Nach dem Fressen will Mika raus. Er stellt sich vor die Gartentür und maunzt so laut, dass Fritze ihn sogar im Keller hört, wo sie ihre Sportsachen in die Wäsche packt. »Dieser Kater macht mich fertig«, sagt Mama, als sie wieder hochkommt. »Er will eben zu seinen Freunden«, antwortet Fritze. Mama lacht. »Doch, wirklich«, sagt Fritze. »Wie Papa.«

Papa spielt heute Fußball. Mama und Fritze sind allein. Mama hat Zeit für Fritze, sie setzen sich an den Gartentisch und Fritze erzählt, was Opa von den Kater-Gangs berichtet hat. Und Oma über die Restaurants. Mama lächelt. »Das ist ja ein Ding«, sagt sie.

»Ja«, sagt Fritze. »Denkst du, das stimmt nicht?«

Mama wiegt den Kopf.

»Hm«, sagt Fritze. »Das ist schade. Ich wüsste so gerne: Was macht der Kater, wenn ich schlafe?«

Mama denkt einen Moment nach. »Ich bin mir ziemlich sicher, er macht Besuche.«

»Bei wem?«, fragt Fritze.

»Das weiß ich natürlich nicht«, sagt Mama. »Ich könnte mir denken, dass er alte Leute besucht und sich streicheln lässt. Die sind entspannt und kümmern sich gerne um Tiere. Es gibt sogar Katzen in Altersheimen. Sie laufen den ganzen Tag da rum.«

Ob das stimmt? Mika ist ziemlich wählerisch, was das Streicheln angeht. Fritze darf ihn immer streicheln. Mama meistens. Papa ab und zu. Mamas Freundin Lilli faucht er an, sobald er sie sieht. Und Fritzes Freund Carlo hat er sogar schon mal gekratzt. Aber der hatte ihn auch am Schwanz gezogen. Andererseits: So eine Nacht ist lang. Und die alte Frau Özdemir von gegenüber sagt jedes Mal: »Komm, Mauzi, soooo ein lieber Kater«, wenn Mika über ihr Grundstück läuft. Vielleicht hat Mama recht. Aber was weiß sie schon? Sie ist ja keine Katze.

8 Die Geschichte von Mika und den Besuchen

Ich weiß nicht, was es ist. Aber ich habe immer Hunger. »Italiener haben einfach einen Sinn für gutes Essen«, sagte meine Mutter immer. Fairerweise muss man sagen: Meine Menschen geben mir zu fressen. Es gibt Fleisch, das ich nicht jagen muss. Denn es kommt in Dosen. Davon bekomme ich morgens und abends. Ich habe auch schon mal probiert, nachts daran zu kommen. Vor der Schlafzimmertür von Fritzes Eltern habe ich so gejault, dass jeder normale Mensch aufgestanden wäre. Aber Fritzes Mama hat Ohrstöpsel und der Papa schläft anscheinend sehr tief. Ein einziges Mal ist er wach geworden und dann hat er mich genommen und sehr wütend in den Garten gesetzt. Danach habe ich es aufgegeben. Anscheinend wollen sie mich nachts hungern lassen. Am nächsten Tag bin ich dann absichtlich erst seeeehr spät nach Hause gekommen. Sollen sie ruhig sehen, was sie davon haben, wenn sie mich so schlecht behandeln. Ich ließ mich auch erst mal nicht streicheln, sondern legte mich hinters Sofa.

An diesem Tag habe ich Frau Özdemir kennengelernt. Und zwar saß sie auf der Terrasse, als ich durch ihren Garten lief. Sie rief wie immer: »Mauzi, Mauzi, ja sooo ein schöner Kater«, und plötzlich dachte ich: Warum nicht? Wenn meine Menschen mich hungern

lassen, kann ich mich genauso gut mal bei anderen umschauen. Ich bewegte mich langsam und vorsichtig durch den Garten und kletterte dann die Treppe hoch. Hier war es schattig und kühl. Frau Özdemir beugte sich aus dem Balkonsessel zu mir herunter und kraulte mich sehr angenehm hinter den Ohren. Sie gab freundliche Geräusche von sich und ich setzte mich gemütlich hin. Dann sagte sie: »Na, nun warte mal, Mauzi, ich hab was für dich.« Sie erhob sich ein bisschen mühsam und ging dann in die Wohnung. Mauzi. Hm. So was ist nicht einfach für einen viertelitalienischen Kater. Ich überlegte schon, wieder zu gehen, aber da kam sie zurück. »Guck mal, Katerchen«, sagte sie. In der Hand hielt sie einen kleinen Teller. Darauf lag weißes, köstliches Hühnerfleisch. Ich liebe Hühnerfleisch. Und Hühner gibt es bei uns in der Nachbarschaft nicht. Und überhaupt: Hühner sind mir zu groß zum Jagen. Außerdem haben sie spitze Schnäbel. Sehr, sehr unangenehm. Aber das Fleisch schmeckt gut. Frau Özdemir sah mir zu, und als ich fertig war, ließ ich mich ein bisschen streicheln und döste noch einen Moment im Schatten. Dann lief ich nach Hause zu Fritze.

Als ich das nächste Mal kam, lag auf der Terrasse ein schönes, weiches Kissen für mich und es gab Katzen-Knabberstangen. Seitdem besuche ich Frau Özdemir öfter mal. Sie freut sich und ich bekomme etwas zu fressen.

Nachdem es bei ihr so nett war, habe ich beschlossen, auch die anderen Nachbarn zu besuchen. Zumindest die ohne Hunde. So lernte ich im Laufe der Zeit Herrn und Frau Brockschmidt kennen, Frau von Keunheim und Herrn Halabi. Herr Halabi füttert mich mit Lamm. Brockschmidts stellen mir öfters ein Schälchen Milch hin. Frau von Keunheim lässt mich in ihrem Wohnzimmer schlafen, wenn es kalt ist. Und ich? Mache ein bisschen bella figura und gucke so, als ob mich meine Menschen furchtbar vernachlässigen. Das darf Fritze natürlich niemals rausfinden. Manchmal denke ich, sie sind mir auf der Spur. Neulich fragte der Papa: »Warum ist dieser Kater eigentlich so wohlgenährt? Der lässt sich wohl noch woanders füttern!« Ich zog schnell den Bauch ein und sah ihn vorwurfsvoll an. Ich und dick? Als ob! Vielleicht bin ich ein bisschen zu rund. Allerhöchstens ein winziges bisschen. Wenn überhaupt. Eher nicht.

9

Mika liegt am liebsten in Fritzes Bett, weil es da weich und gemütlich ist. Papa sagt, dass es unhygienisch ist, und Mama hat es verboten. Fritze lässt ihn trotzdem, weil es so schön ist, neben ihm zu liegen und ihn zu streicheln. Sein Fell ist am Bauch ganz weich und am Rücken etwas struppiger. Im Frühjahr liegen manchmal ganze Haarbüschel in ihrem Bett und sie muss schnell die Bürste holen, bevor Mama kommt. Mika hat Fritze noch nie gekratzt und manchmal legt er die Pfote auf ihre Hand, wenn sie neben ihm im Bett liegt. »Mika«, sagt sie, »was machst du, wenn ich schlafe?« Mika hebt den Kopf und sieht sie an. Dann kneift er die Augen ein bisschen zusammen. Fritze kneift die Augen auch zusammen, denn sie hat mal gehört, dass das in der Katzensprache heißen soll: Ich mag dich.

Warum muss der Kater eigentlich unbedingt schlafen, wenn sie wach ist? Und durch die Gegend bandusern, wenn sie schläft? Tagsüber wäre es einfacher, ihm mal hinterherzuspionieren. Wobei er natürlich viel schneller laufen kann als Fritze, wenn's drauf ankommt.

Einmal ist Mika kurz vor dem Eingang zum Tierarzt aus dem Korb gesprungen. Er war so schnell weg, dass sie nicht hinterherkamen.

Der Tierarzt war nur am Ende der Straße, aber woher sollte Mika
das wissen? Sie waren mit dem Auto gefahren und er war im Korb.
Er würde nie nach Hause finden. Fritze lief eine halbe Stunde herum und rief nach ihm, aber er blieb verschwunden. Es war im
Winter und eiskalt draußen. Fritze hatte große Angst, dass Mika
erfrieren könnte. Oder sich in einen Schuppen verkroch und ein-

gesperrt wurde. Oder verhungerte, weil die Mäuse Winterschlaf hielten. »Katzen haben sieben Leben«, sagte Mama, um sie zu trösten. Aber sie gingen dann doch jeden Abend durch die Straßen und riefen nach dem Kater. Ihre Schuhe knirschten auf dem Schnee und sie lockten und riefen. »Mika, Mika!«, rief Fritze. Und »Mika, Mika!«, rief Mama. Papa pfiff. Nachts im Bett weinte Fritze. Sie hängten Zettel mit einem Foto von Mika auf. Aber es meldete sich niemand.

Doch dann, nachdem schon fünf Tage vergangen waren und sie wieder spät durch die Straßen zogen, hörten sie es leise miauen. »Mika?«, rief Fritze. Und plötzlich stand er vor ihnen. Zerzaust und etwas dünner. Aber lebendig. Er rieb seinen Kopf an Fritzes Bein und an Mamas Bein und ließ sich von Papa auf den Arm nehmen und nach Hause tragen. Zu Hause fraß er eine Dreivierteldose Katzenfutter und legte sich dann in seine Ecke. Die nächsten Tage wollte er nicht raus. Mika hinterherzurennen ist sinnlos, das weiß Fritze seitdem. Aber vielleicht hätte sie ihm ganz heimlich hinterherschleichen können. Fest steht, dass Mika seitdem immer fressen will. Fressen, fressen, fressen. Wenn Fritze in die Küche geht, steht er sofort neben ihr und schaut sie anklagend an. Sie gibt ihm aber nichts, weil Papa gesagt hat, dass er sonst krank wird. Er ist ein wenig rundlich geworden, das muss sie zugeben. Ein bisschen. Fast gar nicht. Aber eigentlich doch.

Jetzt steht Papa in der Küche und kocht eine Tomatensauce. Er schneidet Zwiebeln und Knoblauch und Fritze darf ein paar Tomaten mit dem scharfen Messer würfeln. Mika steht vor seinem

Napf und guckt wie der ärmste Kater der Welt. Dann maunzt er. Erst leise. Dann laut. Papa sieht ihn an. »So ein Schauspieler«, sagt er und lacht. Mika dreht sich um und setzt sich mit dem Rücken zu ihnen. »Jetzt hast du ihn beleidigt«, sagt Fritze.

»Wieso? Das ist doch ein Kompliment«, sagt Papa.

Fritze schneidet sehr sorgfältig die letzte Tomate. Sie passt auf, dass sie nicht abrutscht und die Stücke ungefähr gleich groß sind.

Es duftet schon nach Zwiebeln und Knoblauch, die Papa in den Topf gegeben hat.

»Papa«, sagt Fritze, als sie fertig ist, »was macht eigentlich der Kater, wenn ich schlafe?«

Papa rührt mit dem Holzlöffel in den Zwiebeln und gibt dann Fritzes Tomaten dazu.

»Er singt im Katzenchor«, sagt er. »Ist doch klar.«

Auf was für Ideen Papa immer kommt! »So ein Quatsch«, sagt Fritze.

Papa hört auf zu rühren. »Du kannst es doch manchmal hören, wenn sie in der Nähe sind«, sagt er.

Fritze schläft abends eigentlich immer sofort ein. Und an Gesänge im Garten kann sie sich nicht erinnern. Oder doch? In der Zeit zwischen Noch-wach-Sein und Schlafen geht es ihr manchmal durcheinander. Aber Katzen, die singen? Andererseits: Neulich haben sie in der Schule ein Lied geübt, über Katzen. Und mittendrin sagte der Kater zur Katze: »Folgst du mir aus den Gemächern, singen wir hoch auf den Dächern.« Das fand Fritze komisch.

Papa gibt die Tomaten in den Topf und rührt um. »Kannst mir ruhig glauben«, sagt er. »Katzen sind begabter, als man denkt.«

Mika hat sich jetzt wieder zu ihnen umgedreht und scheint interessiert zuzuhören. Wahrscheinlich denkt er: Papa ist kein Kater. Was weiß der schon?

10 Die Geschichte von Mika und dem Katzenchor

Mein Großvater hat gesagt, wir Südländer werden manchmal »Freunde der italienischen Oper« genannt. Denn wir lieben la musica. Ich tue das. Jedenfalls meistens. Wenn das Nachbarmädchen Cello übt, verkrieche ich mich im hintersten Winkel des Hauses, damit ich sie nicht hören muss. Fritzes Mama sagt dann: »Das ist so richtige Katzenmusik.« Sie hat ja keine Ahnung! Ich zumindest kann hohe und tiefe Töne; ich kann knurren, gurren, mauzen und jaulen, schnurren, schreien und keckern, schnattern, zwitschern, fauchen und jodeln. Alles in allem kann ich wahrscheinlich mehr als die meisten Sänger. Rudi, Samson und Tobi können auch viele Töne. Wahrscheinlich nicht so viele wie ich, denn sie sind keine Italiener. Bart ist Russe und ganz grau. Neulich hat er gesagt, dass der Satz »Nachts sind alle Katzen grau« seinetwegen erfunden wurde, aber das glaube ich nicht. Samson kommt wer weiß woher, Rudi hat schottische Vorfahren und Tobi ist angeblich eine norwegische Waldkatze. Wer's glaubt. Für mich sieht er aus wie ein ganz normaler deutscher Straßenkater

Rudi

mit etwas mehr Fell. Ich wiederum bin schwarz und habe einige sehr schön verteilte weiße Flecken an den Pfoten und im Nacken. Von uns fünfen bin ich der Eleganteste, würde ich sagen.

Aber eigentlich will ich erzählen, was wir uns eines Tages ausdachten, um den Fuchs zu vertreiben. Der Fuchs nämlich lief nicht nur dreist und frech auf unseren Straßen herum. Er kam auch in unsere Gärten. Also in unser Haus. In JEDES unserer Häuser. Und er rannte nicht einfach nur durch, sondern lungerte in den Ecken rum, richtete sich ein, lief dicht an die Häuserwände heran und sah immer aus, als ob ihm die Welt gehörte. Und

Mika

während wir mit gesträubtem Fell und angelegten Ohren auf dem Boden kauerten, riefen unsere Menschen: »Ach, guck mal, der Fuchs!«, und guckten dabei gerührt. Sie fanden ihn wirklich ganz, ganz toll. Ich hatte ernsthafte Bedenken, dass Fritze ihm irgendwann was zu fressen hinstellen würde und er dann gar nicht mehr ging. Fritze ist tierlieb und so nett. Nachher kam der Fuchs noch auf die Idee, in ihrem Bett zu schlafen!

Tobi

Eines Abends sagte ich zu Rudi: »Der Fuchs muss weg.«

Rudi nickte. »Aber sowas von«, sagte er. »Jedes Mal, wenn er kommt, tut er so, als ob es SEIN Zuhause und SEINE Menschen sind.«

»Genau!«, rief ich. »Er ist unverschämt!«

Samson hatte uns zugehört und sagte düster: »Meine Menschen haben neulich schon über-legt, ob sie einen Fuchs zähmen könnten.«

»Nein!«, kreischte Rudi. Er war ernst-haft empört. Ich auch. Wie sich später her-ausstellte, hatten auch die Menschen von Tobi und Bart sehr freundlich über den Fuchs gesprochen. Zu freundlich. Denn eins war klar: Es konnte nur uns oder den Fuchs ge-

Samson

ben. Keiner von uns würde auch nur einen Zentimeter von sei-nem Garten, kein Gramm von seinem Futter an den Kerl abgeben.

»Wir müssen ihn vertreiben«, schlug Bart vor.

»Er hat aber überhaupt keine Angst«, stellte Samson fest. »Noch nicht mal vor mir.« Ich verkniff mir, zu sagen, dass der Fuchs ungefähr doppelt so groß wie Samson war. Sogar, wenn Samsons Fell gerade in voller Pracht stand.

»Stimmt leider«, sagte Rudi. »Ich habe ihn neulich so ange-faucht, dass andere hintenübergefallen wären. Und was macht der Kerl? Schießt auf mich zu!«

»Und?«, frage ich. »Habt Ihr euch ge-kloppt?«

»Dann würde ich nicht mehr hier sit-zen«, fauchte Rudi und guckte richtig sau-er. Ich hatte wohl einen wunden Punkt er-wischt. Dabei hätte er sich vor mir wirklich

Bart

nicht schämen müssen. Ich selbst war dem Fuchs neulich nur knapp entkommen. Fritze hatte gerade noch die Wohnzimmertür zumachen können, bevor er hinter mir ins Haus rannte. Es dauerte eine ziemliche Weile, bis ich mich beruhigt hatte. Aber das erzählte ich nicht.

Wir saßen in Rudis Gebüsch und dachten nach. Während wir noch so dachten, hörten wir den Fuchs, und als wir Richtung Straße schlichen, sahen wir ihn auf dem Bürgersteig sitzen. Er gab eine Art heiseres Bellen von sich. Es war sehr, sehr hässlich. Als ob er ein Hund sein wollte, es aber nur zur Ratte gebracht hatte.

»Das können wir besser«, sagte ich. Ich dachte an all die wundervollen Laute, die ich konnte, und gab probehalber einen hohen, jaulenden Ton von mir. Der Fuchs sah sich erschrocken um. Da wir im Gebüsch kauerten, konnte er uns nicht sehen. Ich jaulte noch mal. Wieder sah er sich unruhig um. Er blieb noch einen Moment sitzen und trollte sich dann gemächlich.

Rudi und ich sahen uns an. »Denkst du, was ich denke?«, fragte er.

»Ja«, antwortete ich.

»Was denn?«, fragte Samson, der nicht die schnellste Maus im Keller war.

»Wir gründen einen Chor«, sagte ich. »Und alle zusammen vertreiben wir den Fuchs.«

»Ich bin Russe, ich singe immer«, sagte Bart. Und: »Ich bin ein Waldkater, ich singe nie«, sagte Tobi.

Bart grinste und haute ihm eine. Tobi schrie empört auf. »Siehst du«, sagte Bart, »geht doch.«

Von da an trafen wir uns jeden Abend und probierten, welche unserer Gesänge sich am lautesten, fiesesten und grauenerregendsten anhörten. Wir jaulten, schrien und knurrten, so laut es ging. Ich konnte sehr hoch kreischen. Tobi besser knurren. Rudi war fast so vielseitig wie ich und Samson und Bart fauchten. Alle zusammen hörten wir uns ziemlich gefährlich an.

Man kann nicht sagen, dass wir uns mit unseren Proben Freunde machten. Der alte Herr Rubinstein schmiss morgens um vier mit Steinen nach uns. Rudis Menschen schütteten Wasser aus dem Fenster, als wir uns eines Morgens – okay, es war ziemlich früher Morgen – bei ihnen im Garten trafen. Das mit dem Wasser wäre uns in Italien bestimmt nicht passiert. Die Italiener sind gastfreundlich. Sagte meine Großmutter immer.

Nach zwei Wochen hatten wir es geschafft. Wir klangen wie ein einziges riesiges, fürchterliches Tier. Musste nur noch der Fuchs kommen. Wir hatten ein Signal vereinbart. Vier Tage später war es so weit. Morgens um drei saß er auf dem Bürgersteig vor unserem Haus und gab sein scheußliches Bellen von sich. Wir saßen im Gebüsch, sahen uns an und lärmten los. Der Fuchs machte einen Satz und sah sich entsetzt um. Dann rannte er die Straße hinunter, als ob der Teufel hinter ihm her wäre.

Als wir fertig waren mit Singen, sagte Rudi: »Ich würde sagen, das war ein echter Erfolg.«

»Abwarten«, sagte ich. Doch er hatte recht. Der Fuchs kam nicht wieder.

11

Freitagabend gehen Fritzes Eltern aus. Dann kommt Timmy. Timmy ist der Nachbarsjunge, er ist 18 und macht bald Abitur. Fritze findet Timmy sehr toll. Denn Timmy erlaubt ihr Sachen, die ihre Eltern nicht erlauben. Neulich haben sie zum Beispiel einen Disney-Film gesehen, bis um zehn Uhr abends. Immer wenn ihre Eltern gehen, sagt Mama: »Aber Fritze soll nicht so spät ins Bett.« Timmy zwinkert Fritze dann zu und sagt zu Mama: »Spätestens um halb neun, versprochen.« Dann spielen sie Zoo und Fritze ist der Elefant und Timmy der Tiger und sie jagen quer durch die Wohnung, bis es plötzlich sehr spät ist und Timmy ganz erschrocken sagt: »Jetzt aber ab ins Bett.« Fritze sagt dann: »Nur, wenn du mir noch vorliest«, sodass es am Ende noch viel später ist.

Heute hat er mit ihr Abendbrot gegessen, Car Park gespielt und zwei Folgen »Jim Knopf« angeguckt. Timmy schaut auf die Uhr. »Mann, Fritze, es ist halb elf! Nicht dass deine Eltern wiederkommen und du immer noch hier sitzt. Ab ins Bett.«

Fritze geht Zähne putzen, spritzt sich Wasser ins Gesicht und schneidet dem Spiegel Fratzen. Timmy steht schon in ihrem Zimmer und wartet, dass sie kommt. »Liest du mir noch vor?«, fragt Fritze.

»Nee«, sagt Timmy, »zu spät. Außerdem muss ich noch lernen.«

»Was denn?«, fragt Fritze.

»Biologie«, sagt Timmy. »Ich schreib Montag eine Klausur.«

Fritze nickt. Sie weiß schon, was eine Klausur ist – eine Klassenarbeit, bloß in länger. Timmy weiß wahrscheinlich sehr viel in Biologie.

»Du, Timmy«, sagt Fritze, »ich hab eine Frage.«

»Und zwar?«, sagt er und legt die Decke ordentlich über sie.

»Was macht der Kater, wenn ich schlafe?«

Timmy steht einen Moment da und denkt nach.

»Spionieren«, sagt er schließlich.

»Echt?«, fragt Fritze und grinst.

»Echt«, sagt Timmy. »Habe ich mal gelesen. Die Amerikaner

haben Katzen schon vor langer Zeit eingesetzt. Und mit ihnen die Russen ausspioniert.«

»Als ob«, sagt Fritze.

»Klar«, sagt Timmy. »Die Kater sind doch dauernd unterwegs. Sie schleichen auf Katzenpfoten durch die Gegend und finden alles Mögliche über die Leute raus. Und wenn sie zum Beispiel einen Einbrecher sehen, machen sie Radau.«

»Na ja«, sagt Fritze, »die tun doch niemals, was man ihnen sagt. Und so richtig Radau kann Mika ja nicht.«

In diesem Moment maunzt Mika laut und klagend. Sehr laut. Fritze fällt ein, dass sie ihn morgens eigentlich immer hört, wenn er vor der Wohnzimmertür steht.

»Er will raus«, sagt sie.

»Und er macht Radau«, sagt Timmy. »Ich lass ihn mal raus.« Dann löscht er ihr Licht und wünscht eine gute Nacht.

Im Zimmer ist es fast dunkel, nur unter der Tür kommt noch ein bisschen Licht durch. Fritze fällt auf, wie leise es ist. Wo sie früher gewohnt haben, hat man immer irgendwas gehört. Hier ist es fast ein bisschen unheimlich. Und draußen schleicht auf leisen Sohlen ihr Kater umher. Timmy hat schon recht. Mika wäre ein guter Spion. Aber Timmy ist kein Kater. Was weiß er schon?

12 Die Geschichte von Mika und den Geheimagenten

Neulich abends war mir sehr langweilig. Ich lag im Garten und lauerte auf Mäuse, die nicht kamen. Dabei hätte ich sie diesmal wirklich gejagt. Ich wette, ich hätte sogar eine gefangen. Denn ich hatte Hunger. Und Hunger und Langeweile zusammen ist zum Heulen. Ich hätte zu Frau Özdemir gehen können, aber die war im Urlaub. Stattdessen heulte ich probeweise ein bisschen und Fritze sah erschrocken in meine Richtung. »Mama!«, rief sie. »Ich glaube, Mika hat noch Hunger.«

»Macht nix«, antwortete die Mama. »Dann soll er sich eine Maus jagen.«

Ha! Was wusste sie schon vom Mäusejagen. Oder davon, wie schnell Mäuse waren. Selbst wenn man mal eine abkriegte: Es war echt wenig dran. Ich heulte also noch mal, und zwar ziemlich empört. Fritze guckte wieder erschrocken. Sie war die Einzige mit ein bisschen Mitgefühl.

50

Kurz darauf kam Rudi rüber. »Bist du krank?«, fragte er zur Begrüßung.

»Nee«, sagte ich. »Hungrig.«

»Auch schlimm«, antwortete Rudi und leckte ausgiebig seine Pfote ab. »Zum Glück hast du ja mich getroffen.«

Ich verkniff mir zu sagen, dass ich ihn nicht direkt getroffen hatte. Rudi mochte es nicht, wenn man ihm widersprach. Ich fragte also: »Warum?«

»Wirst du gleich erfahren«, sagte er. »Komm mit.«

Ich trottete hinter Rudi her. Er schien mir nervös zu sein.

»Ist es noch weit?«, fragte ich nach einer Weile.

Statt einer Antwort bekam ich nur ein Knurren.

Schließlich standen wir vor einem großen Gebäude. »Komm«, sagte Rudi.

Er schlich an der Seite vorbei und machte schließlich an einer Holzbaracke halt. Und was soll ich sagen? Ich roch Fisch. Der Geruch wurde noch viel intensiver, als wir uns durch den Türspalt drängten. Vor uns stand eine junge Frau in einem weißen Kittel und sah uns freundlich an. Dann ging sie in die Knie und streichelte Rudi. »Ja hallo, mein Guter«, sagte sie. Rudi schnurrte sie freundlich an. Es wirkte ein wenig anbiedernd, fand ich. Dann kam sie auf mich zu und wollte mich auch streicheln. »Und was haben wir hier für ein Prachtstück?«, fragte sie, während ich einen Schritt zurück machte.

»Das ist Mika. Er ist Italiener«, sagte Rudi.

»Viertel … ach, egal«, sagte ich. Sie würde uns sowieso nicht verstehen.

Die Frau holte einen großen Bottich und hielt jedem von uns

ein Stück Fisch hin. Ich schnappte ihn mir und verzog mich in eine Ecke. Es ging mir gleich etwas besser.

Als ich das nächste Mal aufschaute, band die Frau Rudi etwas um den Hals. »He!«, rief ich empört. Aber Rudi ließ es in aller Ruhe geschehen. »Schon gut«, sagte er. »Komm mal her.«

Ich näherte mich und sah, dass es ein Halsband war. In der Mitte war ein Ding, das ich nicht kannte. »Was ist das?«, fragte ich. »Eine Kamera, Dummerchen«, sagte Rudi. »Wenn du dir das umbinden lässt, kriegst du nachher noch mal Fisch. Viel davon.« Die Worte »Fisch« und »viel davon« klangen vielversprechend in meinen Ohren, als die junge Frau auch schon auf mich zukam. »Hallo, mein Schöner«, sagte sie. Sie hatte auf jeden Fall die richtige Einstellung zu mir, fand ich. Und deshalb ließ ich mir auch die Kamera umbinden. Das dauerte ziemlich. Doch schließlich war alles befestigt. »Na dann«, sagte die Frau und erhob sich. »Auf geht's.«

»Ich denke, wir kriegen Fisch?«, fragte ich Rudi.

»Wenn wir zurückkommen«, antwortete er.

»Zurück wovon?«

»Von unserem Spionagerundgang.« Er blinzelte mir zu und lief ins Freie. Ich lief hinterher.

Ich muss sagen: Diesen Fisch habe ich mir hart verdient. Natürlich machten wir keine Pause. Es sollte ja hinterher nicht heißen, dass Kater nur in der Gegend rumliegen und schlafen. Wir krochen stundenlang durch die Büsche, rannten über die Wiesen und kletterten auf Bäume. Alles, damit die Menschen erfahren, wie weit Katzen laufen und was sie so sehen, wenn sie nachts unterwegs sind. Ich sah Mäuse, Vögel, Ratten, Menschen und Rudi. Rudi sah Mäuse, Vögel, Ratten, Menschen und mich. Ich schnurrte extra laut und drehte meinen Kopf so zur Seite, dass ich besonders gut aussah. Fritze hatte mir schon öfter Filme von Katzen gezeigt. Wahrscheinlich würde ich berühmt werden. »Kommt unser Film ins Kino?«, fragte ich. »Nee, nur in die Universität«, sagte Rudi. »Schade«, sagte ich. Nach Filmstar hörte sich das nicht gerade an.

Ein paar Mal liefen wir extra nahe an Fensterscheiben vorbei und filmten die Menschen in ihren Wohnzimmern. Frau von Keunheim sah fern. Herr und Frau Marschall stritten sich laut. Herr Brockschmidt spielte Klavier und seine Frau sang. Es war fürchterlich. Und Herr Halabi war über einem Buch eingeschlafen.

Morgens um fünf liefen wir zurück zu der Bretterbude. Wir maunzten so laut, dass uns die junge Frau nach ein paar Minuten öffnete. Sie trug jetzt keinen weißen Kittel mehr. Ihre Haare standen ab und sie sah aus, als hätte sie geschlafen. Vorsichtig nahm sie uns die Kameras ab und verschwand. Rudi jaulte vorwurfsvoll. »Ja, ja, ich weiß schon«, rief sie und kam mit dem Fischbottich. Diesmal bekamen wir sogar zwei Stücke. Als die Sonne aufging, machten wir uns auf den Weg nach Hause.

»Ich muss jetzt erst mal ein bisschen schlafen«, sagte Rudi.

»Mir ist das Spionageleben zu anstrengend«, sagte ich. »Und dann so ganz ohne Pause.«

»Vielleicht tut es dir ganz gut, dich ein bisschen mehr zu bewegen«, sagte Rudi und hieb mit der Pfote leicht auf meinen Bauch.

»Was meinst du denn damit?«, fragte ich.

»Na, bella figura ist das nicht«, sagte Rudi.

Ich sah an meinem Bauch entlang. Vielleicht ein bisschen zu rund. Allerhöchstens ein winziges bisschen. Wenn überhaupt. Eher nicht.

»Ich finde mich perfekt«, sagte ich hoheitsvoll.

»Italiener eben«, grinste Rudi und rollte die Augen.

»Viertel … aber egal«, sagte ich. Ich war mir ja selbst nicht sicher, ob in mir nicht mehr als nur ein Viertel feuriger Italiener steckte. »Dafür könntest DU dich übrigens mal wieder etwas häufiger putzen.« Rudi sah in letzter Zeit etwas struppig aus.

Rudi war beleidigt. »Ich putze mich jeden Morgen«, sagte er.

»Das reicht eben nicht«, sagte ich. »Ich putze mich den ganzen Tag.«

»Ja, ja«, sagte Rudi.

Dann trennten wir uns. Ich setzte mich vor die Wohnzimmertür und maunzte herzerweichend. Bis Fritze kam und mich reinließ. »Na, Mika«, sagte sie, »hast du Hunger?« Doch ich wollte nur noch schlafen. Ich sprang in ihr weiches Bett, ließ mir ein bisschen den Kopf kraulen und schlief ein.

13

Wenn Mona zu Besuch kommt, ist Fritze immer sehr aufgeregt. Mona ist ihre Patentante und ist in der ganzen Welt unterwegs. Und zwar deshalb, weil sie Geige in einem Orchester spielt, das sogar Menschen in Brasilien und Japan hören wollen. Fritze weiß nicht, wo Brasilien und Japan sind. Mama hat es ihr mal auf dem Globus gezeigt, aber da sind so viele Länder drauf, dass Fritze es sich nicht merken konnte. Aber was sie sich gemerkt hat, war: Es ist sehr weit weg. So weit, dass man den Globus drehen muss, damit man es sehen kann. Für Brasilien in die eine und für Japan in die andere Richtung. Mona bringt Fritze schöne Sachen mit. Aus Brasilien eine bunt bemalte Holzrassel und aus Japan einen Comic. Fritze versteht die Schriftzeichen nicht, aber sie guckt sich gerne die Bilder an.

Manchmal ist Mona auch zu Hause, denn das Orchester hat natürlich einen festen Ort, und zwar mitten in der Stadt, in einem prächtigen Konzertsaal. Fritze war schon manchmal beim Konzert und sie fand es ein bisschen schön und ein bisschen langweilig. Schön, weil ihr die Musik gefiel und weil sie Mona in ihrem schwarzen Kleid auf der Bühne sehen konnte. Langweilig, weil das Konzert so lange dauerte und sie nicht reden oder sich bewegen durfte.

Jedenfalls: Wenn sie nicht probt oder spielt oder durch die Welt fliegt, kommt Mona sie besuchen. Mona und Mama kennen sich schon, seit sie kleine Mädchen waren, und haben Fritze Bilder gezeigt, auf denen sie beide als Kinder drauf sind. Sie sind sehr dünn und haben andere Haare – Mona ganz kurz und Mama Zöpfe. Und trotzdem erkennt Fritze sie. Sie kann sich nicht vorstellen, dass es Mama schon gab, bevor sie auf der Welt war. Und dass sie ein Kind war und Freunde hatte. Manchmal fragt sie Mama aus: »Bist du brav gewesen? Warst du gut in der Schule? Wie schnell bist du gerannt? Konntest du gut rechnen? Was war dein Lieblingsfach?«

»Fritze, du fragst mir ja ein Loch in den Bauch!«, sagt Mama dann. An manche Sachen erinnert Mama sich gar nicht mehr. Das findet Fritze komisch. Wie kann man sich nicht daran erinnern, wie schnell man gerannt ist? Das ist wichtig. Man will ja auch vergleichen – ob man schneller rennt als früher, zum Beispiel. »Wir könnten um die Wette laufen und Papa stoppt, dann weißt du es wieder«, schlägt Fritze vor. Aber Mama will nicht um die Wette laufen.

Darum fragt Fritze Mona, als sie zu Besuch kommt. »Wie schnell seid ihr in der Schule gerannt?«

Mona lacht. »Genau weiß ich es nicht«, sagt sie. »Ich war jedenfalls schneller als deine Mutter.«

»Gar nicht!«, sagt Mama. »Ich hatte immer eine Ehrenurkunde bei den Bundesjugendspielen!«

»Ja, aber nur, weil du weit werfen konntest«, sagt Mona.

Mama denkt nach. »Du hast recht«, sagt sie dann. »Das habe ich ganz vergessen. Ich konnte echt weit werfen.«

»Warum hast du das vergessen?«, fragt Fritze.

»Ich nehme an, mir waren andere Sachen wichtiger«, sagt Mama.

Fritze denkt kurz darüber nach, warum Erwachsene so viele Dinge tun, die wichtiger sind als Laufen und Springen und Klettern. Plötzlich kommt ihr das Erwachsenenleben sehr langweilig vor.

»Erwachsensein ist doof«, sagt sie. »Ihr macht nix, was Spaß macht.«

»Das stimmt nicht«, sagt Mona. »Ich spiele zum Beispiel

wahnsinnig gerne Geige. Natürlich muss ich viel üben. Aber Spaß macht mir das schon. Und ich gehe gerne ins Kino. Ich rede gerne mit dir. Ich koche gerne.«

»Ich fahre gerne Fahrrad und ich schwimme gerne. Ich gehe gerne zur Arbeit. Es macht mir dollen Spaß, mit Papa und mit dir zusammen zu sein«, sagt Mama zu Fritze. »Und natürlich mit Mona. Auch wenn ich nicht glauben kann, dass sie schneller war als ich.«

Eine Weile sammeln sie Sachen, die Spaß machen. Spielen (Fritze). Lesen (Mama). Reden (Mona). Tanzen (Mona). Backen (Fritze). Ins Museum gehen (Mama). Den Kater streicheln (Fritze). Und als hätte Mika es gehört, kommt er zu ihr und streicht an ihrem Bein lang.

»Mona«, sagt Fritze, »was, meinst du, macht der Kater, wenn ich schlafe?«

Mona muss keine Minute nachdenken. »Na, Sport treiben«, sagt sie.

Fritze lacht. »Genau«, sagt sie. »Kniebeugen.«

»Kugelstoßen«, sagt Mama. Fritze kichert noch mehr. »Gewichtheben«, sagt sie.

»Kunstturnen«, sagt Mama.

Fritze stellt sich Mika beim Turnen vor. In der Turnhose.

»Wirklich«, sagt Mona, als sie zu Ende gelacht haben. »Mika liegt doch den ganzen Tag in deinem Bett … «

» … wo er nicht hindarf«, wirft Mama ein.

»Klar«, sagt Mona. »Dann liegt er woanders. Und nachts muss er eben Sport treiben, damit er nicht fett wird. Wobei … «, sie guckt Mika an und streichelt ihn, » … direkt schlank ist er nicht.«

Fritze schaut Mika an. Sie findet ihn wunderschön. Und gerade richtig.

»Du bist mein Liebling«, sagt sie zu Mika. Er maunzt. Sein Bauch ist ein bisschen rund. Aber sonst hat er überall Muskeln. Vielleicht stimmt es ja, dass er Sport treibt. Andererseits: Was weiß Mona schon davon? Sie ist ja keine Katze.

14 Die Geschichte von Mika und dem Sport

Neulich abends wussten wir nicht so richtig, was wir machen sollten. Samson, Tobi, Bart, Rudi und ich. Tobi moserte vor sich hin, weil seine Menschen verreist waren. »Stellt euch vor«, sagte er. »Ich bekomme jetzt wirklich nur zweimal am Tag zu fressen. Und immer nur eine Vierteldose.«

»Das ist echt wenig«, sagte ich. Tobi tat mir fast ein wenig leid. »Sollen wir ins Restaurant gehen?« Ich hätte, ehrlich gesagt, auch noch ein bisschen was vertragen. Man konnte fast sagen: Ich hatte ein Loch im Bauch. Ein kleines.

Ich sah in Rudis Richtung, aber der schüttelte den Kopf.

»Betriebsferien«, sagte er.

Frau Özdemir war auch immer noch verreist, da war nichts zu holen. Außerdem wollte ich die anderen nicht zu ihr mitnehmen.

»Ihr könnt wohl nur ans Fressen denken«, sagte Samson. Ich hieb mit der Tatze nach seinem Bauch. »DU bekommst ja auch immer reichlich zu essen«, sagte ich.

Samson lebt bei einer Dame, die ihm nur das Feinste auftischt.

»Aber ich bin super in Schuss«, sagte Samson und drehte sich vor uns im Kreis. Er konnte das einfach behaupten, denn sein Fell war wieder so dick, dass man es sowieso nicht sehen konnte.

»Glaube ich nicht«, sagte ich trotzdem.

»Angeber«, maulte Bart.

Samson haute ihm eine und Bart haute zurück. Aber bevor es zu einer echten Keilerei wurde, sagte Rudi: »Ihr könnt es ja ausprobieren. Kleiner Wettbewerb im Park?«

Und was Rudi sagte, wurde gemacht.

Er war Schiedsrichter. Als Erstes rannten wir um die Wette bis zum Teich in der Mitte des Parks. Ich streckte meine Beine beim Laufen, so weit ich konnte, und kriegte kaum noch Luft – aber Bart und Samson waren schneller. Als ich wieder atmen konnte, sagte ich: »Die sind früher losgelaufen.«

»Sind wir nicht, Alter«, sagte Samson und hieb mir mit der Pfote auf den Kopf.

»Sind sie nicht«, sagte Rudi. »Ich sag ja, du brauchst mehr Bewegung.«

Ich haute Rudi auf den Kopf, aber er knurrte so laut, dass ich schnell einen Schritt zurück machte.

»Weitsprung aus dem Sitzen«, sagte Rudi.

Wir setzten uns in die Wiese und Rudi legte einen kleinen Ast als Markierung hin. »Wer am nächsten rankommt«, sagte Rudi.

Ich wippte ein bisschen auf und ab, um meine Sprungmuskulatur zu testen – alles tipptopp. Allerdings bewegte sich mein Bauch mit auf und ab. Er war fast ein wenig im Weg. Ein winziges bisschen. Eigentlich gar nicht. Ich zog ihn trotzdem ein.

Samson sprang los und landete mit einem verunglückten Hopser sofort wieder auf der Wiese. Bart kam ein Stück weiter, aber dolle war es nicht. Ich wippte noch einmal und sprang dann bis kurz vor dem Ast. »Bravo!«, rief ich, da es sonst keiner tat.

Und dann kam Tobi. Er sprang hoch, streckte die Beine und den ganzen Körper und flog … flog … flog … bis er *hinter* dem Ast landete. »Bravo!«, rief ich noch einmal. Tobi leckte gelangweilt an seiner Pfote. Samson haute ihm probehalber auf den Kopf. Tobi sah ihn noch nicht mal an.

Und nun kam die Königsdisziplin: Klettern. Rudi zeigte auf einen Baum am Ende der Wiese. »Wer am höchsten kommt«, sagte er.

Wir rannten zum Baum und kletterten. Es war magisch. Ich hieb meine Krallen in die Rinde und schob mich hoch, fand hier einen Ast und krallte mich da in einen Zweig. Ganz oben schrie ein Vogel und ich kam ihm näher und näher. Die Rinde bot mir Halt. Meine Beinmuskeln waren stark. Der Wind zitterte in meinen Schnurrhaaren. Ich fühlte mich wie der König der Welt. Die anderen schienen weit unter mir zu sein. Sehr weit. Zu weit. Die Vögel waren weg. Und überhaupt: Der Baum war zu Ende.

Ich klammerte mich fest und wagte einen Blick nach unten. Madonna! Durch das dichte Blättergewirr konnte ich meine Freunde kaum sehen. Aus der Ferne hörte ich Rudi: »Mika? Alles okay?«

Na ja. Wie man's nahm. Ich hatte jedenfalls gewonnen, so viel stand fest. Aber das hier war doch ganz schön hoch. Wo meine Krallen eben noch wunderbar Halt gefunden hatten, schienen sie jetzt abzurutschen. Mein Bauch schabte an der rauen Rinde entlang. Ich tastete nach einem Ast, aber ich fand keinen. Ich maunzte. Wahrscheinlich klang es jämmerlich.

»Nicht runtergucken!«, schrie Rudi jetzt.

Das sagte sich so leicht, wenn man unten stand. Zentimeter für Zentimeter ließ ich mich den Baum herabgleiten. Ein frecher Vogel schrie mir direkt ins Ohr. Ich rutschte ein Stück und landete unsanft auf einem Ast. Mein Bauch war irgendwie im Weg. Ein winziges bisschen. Fast gar nicht. Aber dann doch.

Es dauerte ewig, bis ich unten war. Meine Krallen taten weh, meine Pfoten und jeder einzelne Muskel. Ich tastete nach jeder Unebenheit und nach jedem kleinen Ast. Die anderen standen unten und feuerten mich an. »Ja, Mika!«, rief Rudi. »Du schaffst es!«, rief Samson. »Come on!«, rief Tobi. »Super, Mika!«, rief Bart.

Und dann konnte ich mich endlich auf den Boden plumpsen lassen. Die anderen grölten. »Hattest du Angst?«, fragte Tobi.

»Gar nicht«, sagte ich und sah Samson scharf an. Aber Samson hielt tatsächlich den Mund.

»Ich habe jedenfalls gewonnen«, sagte ich und begann, mein Fell von Blättern und Staub zu säubern. Und dann rief ich: »Bravo!« Tat ja sonst keiner.

»Super-Mika!«, sagte Rudi. »Aber nur beim Klettern.« Er grinste. Und haute mir auf den Kopf.

15

Am Sonntag ist Papas Freund David zu Besuch. Papa und David spielen jede Woche zusammen Fußball und manchmal übt David mit Fritze im Garten, denn sie spielt auch gerne Fußball. Es stört sie ein bisschen, dass der Ball so groß und hart ist, aber David hat ihr neulich einen kleineren Ball mitgebracht und seitdem macht es noch mehr Spaß. Sie versucht immer mal wieder, mit Mika Fußball zu spielen, aber Mika hat dafür nicht so viel Talent. Um genau zu sein: Er rennt einfach weg. Wenn er rennt, sieht es immer ein bisschen aus, als ob er hüpft. Er hüpfrennt, denkt Fritze.

David kommt meistens allein, aber manchmal bringt er auch eine Freundin mit. Es ist immer eine andere Freundin. Greta, Katja, Anna und Merle waren schon mit zu Besuch. Fritze fand Merle am nettesten. Sie hatte schöne Locken, wusste, warum ein Flugzeug fliegt, und konnte aus einem Stück Papier einen Vogel basteln, mit Flügeln. »Wo ist Merle?«, fragt sie, als David alleine zur Tür reinkommt.

»Ich nehme an, zu Hause«, sagt David.

»Warum weißt du das nicht?«, fragt Fritze.

»Wir sehen uns nicht mehr so oft«, sagt David und schmeißt Fritze in die Luft.

»Mann, David«, sagt Papa. Er sagt das in so einem Ton, den Fritze vom Hausaufgabenmachen kennt: wenn sie mal wieder nicht fertig geworden ist, obwohl sie es versprochen hat.

David grinst und zuckt die Schultern. »Du kennst mich doch«, sagt er. Papa nickt und sagt: »Trotzdem schade.« Anscheinend fand er Merle auch nett.

Die beiden setzen sich in den Garten und trinken ein Bier. Fritze versucht, Mika ein Kunststück beizubringen. Sie hat eine Katzen-Knabberstange und ein Seil und möchte, dass Mika über das Seil springt. Aber Mika denkt gar nicht dran. Er läuft um das Seil herum und reibt sich an ihrem Bein, damit sie ihm die Stange gibt. Oder er bleibt vor dem Seil liegen und tippt ein bisschen mit der Pfote drauf. Oder er kaut auf einem Ende vom Seil. Oder hält einfach seinen Bauch in die Sonne. Was er nicht tut: über das Seil springen.

Irgendwann wird es Fritze langweilig. Mika sitzt in der Sonne und putzt sich. Er leckt seine Pfoten ab, zwischen den Krallen und obendrauf, reibt sich mit der abgeleckten Pfote das Ohr, leckt sich den Bauch und die Beine. Er ist ein sehr reinlicher Kater, denkt Fritze.

Papa und David haben eine Packung Chips aufgemacht und Fritze setzt sich zu ihnen, um Chips zu essen. Sie reden über ein Fußballspiel bei irgendeiner Weltmeisterschaft, die schon lange vor Fritzes Geburt war. »David«, sagt Fritze, als sie einen Moment schweigen, »was meinst du: Was macht Mika, wenn ich schlafe?«

David denkt einen Moment nach, schaut Mika an und sagt dann: »Er steigt den Katzen hinterher, ist doch klar.«

»Ist ja klar, dass du das sagst!« Fritzes Vater grinst.

Fritze fragt: »Warum denkst du das?«

»Naja, er ruht sich den ganzen Tag aus. Und wenn er sich nicht ausruht, dann putzt er sich. Und das kann ja nur für die Katzen sein.«

Fritze schaut Mika an. Schon wieder leckt er seine Pfoten hingebungsvoll und sein ganzes Fell schimmert in der Sonne. Vielleicht hat David recht. Andererseits: Er ist ja kein Kater. Was weiß er schon?

16 Die Geschichte von Mika und der Katze

Vor ein paar Abenden trafen wir uns im Park – Rudi, Samson, Tobi, Bart und ich. Samson sah ziemlich jämmerlich aus, denn seine Menschen hatten ihm das verfilzte Fell abrasiert.

Ich sagte nichts, aber Bart hieb ihm auf die Schulter und sagte: »Alter! Wenn dich die Mäuse sehen, fangen sie an zu lachen.« Samson guckte sehr beleidigt und sagte: »Das wächst wieder.« Ich leckte mir die Pfote und strich dann vorsichtig über meinen Kopf und mein schimmerndes schwarzes Fell. Natürlich konnte nicht jeder so gut aussehen wie ich. »Nimm dir ein Beispiel an Mika«, sagte Bart. »Der putzt sich den lieben langen Tag.«

Ich haute ihm kurz auf den Kopf. »He!«, rief Bart. »Stimmt doch!«

»Er ist Italiener«, sagte Rudi.

»Viertelitaliener«, sagte ich und strich mir über den Kopf. »Aber ihr könnt euch trotzdem was von mir abgucken. Tobi zum Beispiel sieht fast so struppig aus wie ein Hund.« Tobi fauchte mich an. »Du solltest lieber mal ein bisschen auf deine Figur achten«, sagte er und haute mir in den Bauch. Was sollte das? Vielleicht bin ich etwas zu rund. Allerhöchstens ein winziges bisschen. Wenn überhaupt. Eher nicht. »Ich bin genau richtig«, fauchte ich und haute zurück. Wir fingen gerade an, uns richtig zu schlagen, als ich aus dem Augenwinkel sah, wie etwas vorbeilief. Oder sollte ich sagen: schwebte?

Es war eine Katze. Sie war grazil und langbeinig, hatte seidiges weißes Fell, das am Kopf dunkler wurde, und die schönsten Ohren, die ich je gesehen habe. Und erst die Augen: Sie waren groß und blau und sahen mich direkt an. Dann wandte sie ihren Kopf ab und war schon an uns vorbei.

Ich hörte auf, Tobi zu schlagen. Er hieb weiter auf mich ein, aber ich merkte es nicht. Die Katze bewegte sich langsam und elegant zur anderen Seite des Parks und verschwand in den Büschen. Am liebsten wäre ich hinterhergelaufen, aber die anderen guckten mich sowieso schon seltsam an. »Hat Tobi dir zu stark auf den

Kopf gehauen?«, fragte Rudi. Fast hätte ich ihm auch auf den Kopf gehauen, aber Rudi konnte ungemütlich werden. Sehr ungemütlich. Ganz am Anfang, als wir uns noch nicht so gut kannten, hatte er mir ein riesiges Büschel Fell ausgerissen. Es dauerte Wochen, bis das Loch zugewachsen war und ich wieder einigermaßen gut aussah. Also schlug ich mich nicht mehr mit Rudi. Stattdessen guckte ich ihm so lange böse in die Augen, bis er wegguckte. »Schon gut«, sagte er.

Samson war abgehauen, wahrscheinlich, weil er sich schämte. Und Bart jagte Tobi quer durch den Park. »Wer war denn diese Katze?«, fragte ich Rudi und hoffte, es würde sich wie eine ganz normale Frage anhören.

Rudi grinste breit. »Dachte ich's mir doch«, sagte er.

»Was?«, fragte ich.

»Ich hab doch gesehen, wie du ihr hinterhergestarrt hast!«

»Quatsch«, sagte ich. »Es interessiert mich bloß. So ganz allgemein.«

In Wahrheit brannte ich darauf, die Katze wiederzusehen. Rudi wusste bestimmt, wo sie wohnte.

»So ganz allgemein heißt sie Samira, wohnt bei den Neubauers und hat uns schon alle abblitzen lassen. Dabei hat Samson ihr sogar mal einen Vogel vorbeigebracht.«

»Als er mit oder ohne Haare war?«, fragte ich.

Rudi dachte einen Moment nach. »Mit«, entgegnete er dann. »Aber schon ziemlich verfilzt.«

»Na ja«, sagte ich. »Kein Wunder, dass sie nichts mit ihm zu tun haben wollte.«

Rudi sah mich ernst an. »Mika«, sagte er. »Sie ist eine Siam-katze. Also quasi eine Prinzessin. Vergiss es, du machst dich nur unglücklich.«

»Ich bin Italiener«, sagte ich.

»Viertelitaliener«, antwortete Rudi.

»Egal«, sagte ich. »Ich kann singen. Und du musst zugeben: Von uns bin ich der … Gepflegteste.«

»Auf jeden Fall der Eitelste«, sagte Rudi.

»Ich achte auf mich«, sagte ich.

Rudi schien noch etwas sagen zu wollen, aber in diesem Mo-ment kamen Bart und Tobi zurückgerannt. Sie sahen aus, als hät-ten sie sich durch einen Eimer mit Erde gewühlt.

»Ich hab gewonnen«, verkündete Bart.

»Wobei?«, fragte ich.

»Bei allem«, sagte Bart.

Tobi haute ihm direkt wieder auf den Kopf. »Stimmt nicht!«, rief er.

»Mika hat sich in Samira verliebt«, sagte Rudi.

Einen Moment war Stille, dann fingen Bart und Tobi an zu lachen. Als sie sich wieder beruhigt hatten, sagte Tobi: »Da hast du keine Chance. Sie ist eine Siamkatze. Die halten sich für was Besonderes.«

»Na, sie ist ja auch was Besonderes«, sagte ich. »Bellissima.«

»Aber dann musst du einsehen, dass du … also … ich meine …« Bart fing an zu stottern.

»Mika denkt, er ist besonders genug«, sagte Rudi. »Weil er Italiener ist.«

Ich putzte meinen Kopf und gab keine Antwort. Dann sagte ich: »Mir reicht's! Ich gehe nach Hause.« Ich drehte mich um und verschwand in den Büschen. Einen Moment beobachtete ich noch die anderen. Sie blieben auf der Wiese sitzen und Rudi schien Witze zu reißen. Keiner guckte mir hinterher.

In Wahrheit wollte ich natürlich nicht nach Hause. Ich wollte zu Neubauers und Samira besuchen. Ich kannte die ungefähre Richtung und beschloss, die Gärten abzuklappern. Das Wetter war schön und vielleicht verbrachte Samira die Nacht im Freien. Falls Prinzessinnen so was machten.

Ich kroch durch Löcher in Maschendrahtzäunen, wühlte mich durch piksende Eibenhecken, sprang über Holzlatten und wäre beim Durchkriechen fast unter einem Metallgitter stecken geblieben. Ich sah alles Mögliche in den Gärten: Zwerge. Rosenbüsche. Liegestühle. Mäuse. Aber keine Katze mit schönen Ohren und blauen Augen.

Ich hatte bestimmt ein Dutzend Gärten durchsucht und wollte schon fast aufgeben, als ich hinter mir ein Rascheln im Gebüsch hörte. Blitzschnell drehte ich mich um – und stand Rudi gegenüber. »Dachte ich mir doch, dass du nicht nach Hause wolltest«, sagte er und grinste. »Aber du bist in die falsche Richtung gelaufen.«

»Hast du mich denn gesehen?«, fragte ich.

»Nee«, sagte er. »Wenn du durch ein Gebüsch schleichst, ist das nicht zu überhören. Jedenfalls für einen Kater mit meinen Fähigkeiten.«

»Okay«, sagte ich.

»Ich zeige dir, wo sie wohnt«, fuhr Rudi fort. »Soll keiner sagen, ich hätte dir nicht auch einen Versuch gegönnt.«

»Sehr großzügig«, sagte ich. Rudi hatte sich schon umgedreht und ich lief ihm notgedrungen hinterher. Durch die Gärten, unter den Zäunen hindurch, über die Holzlatten, zwischen den Eibenhecken hindurch. Ehrlich gesagt: Wäre er nicht gekommen, hätte ich das Haus der Neubauers nie gefunden. Ich war in die völlig falsche Richtung gelaufen.

Nach einer ziemlichen Weile kamen wir in eine Gegend mit sehr kleinen Häusern, die direkt nebeneinanderstanden. Die Gärten trafen in der Mitte aufeinander und sahen aus wie ein Park. Aber mit Zäunen dazwischen. Über die wir wieder springen und unter denen wir hindurchkriechen mussten. Schließlich gelangten wir zu den Neubauers. Ich war etwas enttäuscht, denn ich hatte mir vorgestellt, dass Samira in einem Palast wohnte. So als Prinzessin. Das Neubauer-Haus war grau verputzt und der winzige Garten sah aus, als ob die Besitzer keine Blume wachsen ließen, die nicht dorthin gehörte. Alle Grashalme waren genau gleich lang. Rudi räusperte sich.

»Findest du alleine nach Hause?«, fragte er.

Ich überlegte kurz und sagte dann: »Ja. Ich hab mir den Weg vom Park gemerkt und von da aus finde ich es.«

»Dann viel Glück!«, sagte er. Es hörte sich ehrlich an.

»Danke!«, sagte ich. Er nickte, drehte sich um und war verschwunden.

Vorsichtig schlich ich den Gartenzaun entlang und ans Haus heran. Durch die Terrassentür sah ich ein erleuchtetes Wohnzimmer, in dem ein älteres Paar vor dem Fernseher saß. Der Mann schlief. Ich versuchte gerade, einen Blick in die Ecken zu erhaschen, als ich es hinter mir mauzen hörte. Leise, zart und prinzessinnenhaft. Mitten auf dem Rasen, anmutig und hoheitsvoll, saß Samira und sah mich mit ihren wundervollen Augen an.

»Was machst du hier?«, fragte sie. Es hörte sich nicht unfreundlich an. Aber auch nicht so, als habe sie nur auf mich gewartet. Ich ging einige Schritte auf sie zu. Sie hatte mich ertappt. Also konnte ich mich auch gleich ins Zeug legen. »Ich suche nach einer Prinzessin mit blauen Augen und den schönsten Ohren, die ich je gesehen habe«, sagte ich. Sie sah mich an und ich würde sagen, dass sie etwas lächelte. Ein wenig. Fast gar nicht. Aber doch.

Und dann begann ich zu singen. Ein Liebeslied, das ich von meiner italienischen Großmutter gelernt habe. Es kamen viel Amore,

Sehnsucht und blauer Himmel darin vor und meine Stimme hatte sich nie voller und schöner angehört. Als ich aufhörte, war ich von mir selbst sehr ergriffen.

Samira schwieg. Musterte mich. Blinzelte ein wenig. Und sagte: »Singen kannst du jedenfalls.«

»Ich bin Italiener«, sagte ich.

»Ich dachte immer, Italiener achten etwas mehr auf sich«, fuhr sie fort und begann, ihre zierliche Pfote zu putzen.

Was sollte das denn heißen? Ich sah an mir herunter. In meinem sonst so glänzenden Fell hingen kleine Erdbröckchen und Blätter, es war staubig und stumpf. Ich versuchte eilig, mich etwas zu säubern, und fuhr mit den Pfoten über Kopf und Rücken. Aber es war sinnlos. Es würde Stunden dauern, bis ich wieder präsentabel war. Ich ließ den Kopf hängen und besah meine schmutzigen Pfoten.

Samira war aufgestanden und bewegte sich elegant in Richtung Terrassentür. Als sie an mir vorbeilief, haute sie mir mit der Pfote leicht auf den Kopf. »Na dann«, sagte sie. Als die Tür aufgemacht und sie hineingelassen worden war, saß ich immer noch im Garten und sah ihr hinterher. Ich würde sagen: Super gelaufen.

17

Wenn Fritze Geburtstag hat, muss sie andauernd daran denken. Viele Tage vorher. Sie hat jedes Mal eine Aufregung im Bauch und sie stellt sich genau vor, wie das ist: morgens aufzustehen, gesungen zu bekommen, den Kuchen und die Kerzen zu sehen. Und natürlich die Geschenke. Sie versucht immer, an der Form herauszufinden, was in den Paketen ist. Sie zählt jeden Tag, wie viele Nächte sie noch schlafen muss. Noch fünf, noch vier, noch drei, noch zwei, noch EINE. Morgen ist es so weit.

Es gibt zwei Tage im Jahr, da ist die Zeit länger als sonst. Der eine ist Heiligabend. An Heiligabend wacht Fritze so früh auf wie sonst nie. Und obwohl sie noch Geschenke einpackt und obwohl sie bei ihren Großeltern alle Serien gucken darf und obwohl sie noch einen Weihnachtsspaziergang macht – es scheint unendlich lange zu dauern, bis es halb sechs ist. Um halb sechs ruft Mama an und sagt: »Ihr könnt kommen.« Dann dauert der Weg bis nach Hause noch ewig und es dauert ewig, bis sie – endlich!, endlich! – vom Flur ins Wohnzimmer dürfen, wo der Baum steht. Den Baum hat Fritze mit ausgesucht, aber geschmückt und mit Kerzen ist er wie im Märchen.

Der Tag vor dem Geburtstag ist fast noch schlimmer. Denn erstens ist ja noch eine ganze Nacht dazwischen. Und dann ist es auch gar kein besonderer Tag. Fritze geht zur Schule und denkt an den Geburtstag, sie kommt nach Hause und denkt an den Geburtstag, sie läuft zu Emma und denkt an den Geburtstag, sie macht Hausaufgaben und denkt an den Geburtstag. Und dann ist es sechs und Mama kommt nach Hause und sie denkt immer noch an den Geburtstag. Sie hat sich einen Basketballkorb für den Garten gewünscht, einen neuen Badeanzug und eine silberne Kette mit einem Delfin. Nachmittags kommen ihre Großeltern und Emma und Max.

»Ich bin so aufgeregt«, sagt Fritze, als sie beim Abendbrot sitzen.

»Warum nur?«, fragt ihr Vater und grinst.

»Ach Schätzchen, wir haben leider gar nichts von deiner Liste bekommen«, sagt Mama mit sorgenvoller Miene. Das sagt sie immer. Deswegen glaubt Fritze ihr nicht.

Mika sitzt unter dem Tisch und murrt vor sich hin. Sie haben ihm ein einziges Stück Fisch gegeben. Seitdem denkt er, er kriegt noch was. Weil er aber nichts kriegt, murrt er. Manchmal stupst er sie auch an.

Um halb acht sagt Mama: »Geh schon mal hoch und mach dich fertig.«

Fritze weiß, dass Mama noch Kuchen backen muss. Also muss Fritze nach oben.

Fritze beugt sich zu Mika und sagt: »Ich hab morgen Geburtstag!« Mika schaut sie groß an und streicht an ihrem Bein entlang. »Was machst du bloß, wenn ich schlafe?«, fragt Fritze und streichelt ihm über den Kopf. Mika maunzt leise und schaut sie mit seinen wundervollen Augen an. Dann blinzelt er sie an. Fritze blinzelt zurück. »Wahrscheinlich fängst du einfach Mäuse«, sagt sie. Aber dann denkt sie: Was weiß ich schon? Ich bin ja keine Katze.

18 Die Geschichte von Mika und der Maus

Mit Fritze war heute was los. Sie ist immer ein bisschen zappelig, aber heute war sie noch zappeliger. Es musste irgendwas Besonderes sein. Denn nachdem Fritze ins Bett gegangen ist, hat der Vater einen kleinen Tisch ins Wohnzimmer getragen, auf den er eine bunt bestickte Decke legte. Und dann Blumen. Und lauter bunte Pakete. Und einen Kuchen. Der Kuchen riecht sehr gut, aber ich habe noch nie Kuchen abbekommen. Leider.

Ich lungerte eine ganze Weile draußen rum, bis Rudi kam. Er war schlecht gelaunt, das sah ich ihm sofort an.

»Na, Signore«, knurrte er. Und haute mir auf den Kopf.

Ich drehte ihm den Rücken zu und tat so, als ob ich ging. Sehr würdevoll. Ganz bella figura.

»Mika, hey!«, rief er mir hinterher.

Ich lief weiter.

Mit zwei Sätzen hatte er mich eingeholt.

»Jetzt sei nicht so«, nuschelte er. »'schuljung!«

Ich blieb stehen. Und haute ihm auf den Kopf.

»Okay, das habe ich verdient«, sagte er und schüttelte sich.

»Was ist mit dir …«, fing ich an, aber dann sah ich es. Da, wo vorher schöne, lange Schnurrhaare gewesen waren, war jetzt: nichts. Oder: fast nichts.

»Madonna!«, rief ich. »Was ist passiert?«

»Die Jungs haben mir die Schnurrhaare abgeschnitten«, sagte er unglücklich.

Ich schwieg betroffen. Ein Kater ohne Schnurrhaare, das war wie ein Italiener ohne bella figura. Ohne Schnurrhaare finden wir uns nicht gut zurecht. Und es dauert ziemlich lange, bis sie nachgewachsen sind.

»Warum?«, fragte ich schließlich.

»Spaß«, sagte Rudi. »Sie haben Hundefriseur gespielt. Aber es war ja kein Hund da.« Jetzt fiel mir auf, dass auch sein Fell etwas angefressen aussah.

»Haben sie dir auch was vom Fell abgeschnitten?«, fragte ich. Rudi nickte.

»Oh, Mann!« Ich legte ihm die Pfote vorsichtig auf die Schulter und Rudi ließ sie da liegen.

»Sie meinen es bestimmt nicht böse«, sagte er. »Ich glaube, sie wissen nicht, was das heißt.«

Typisch. Rudi nahm seine Jungs immer in Schutz. Dabei hatten sie ihn schon gebadet, ihm T-Shirts angezogen und ihn mit Pudding gefüttert. Nach der Sache mit dem Pudding hatte er die ganze Nacht gekotzt. Aber als es vorbei war, hatte er gesagt: »Der Pudding war jedenfalls sehr lecker.«

Ich fand Rudi zu nachsichtig. Klar, die Jungs waren noch ziemlich klein. Aber Fritze war auch noch klein. Und sie würde mir nie die Schnurrhaare abschneiden. Fritze war immer lieb zu mir, und als ich damals weg war, hat sie jede Nacht geweint. Das hat sie mir erzählt, als ich wieder da war. Ich durfte in ihrem Bett schlafen und sie gab mir immer ein bisschen mehr zu essen als meine anderen Menschen. Sie streichelte mich vorsichtig und machte mir Platz auf dem Sofa, wenn sie fernsah. Und sie sagte nie, dass ich eine Landplage bin.

»Mit Fritze ist irgendwas Besonderes morgen«, sagte ich zu Rudi und erzählte ihm von dem Tisch und den Kuchen und den Paketen.

»Na, sie wird Geburtstag haben«, sagte er.

Ich sah ihn erstaunt an. »Ja, genau«, sagte ich. »Aber was ist das?« Rudi erklärte mir, dass die Menschen jedes Jahr genau an dem Tag feiern, an dem sie geboren sind.

»Weil sie sich freuen, dass sie da sind«, schloss er.

»Na, wenn sie nicht da wären, wüssten sie es ja nicht«, sagte ich.

Ich wusste nicht, wann ich geboren war. Rudi wusste auch nicht, wann er geboren war. »Schade«, sagte ich. »Dann können wir nie Geburtstag feiern.«

Einen Moment saßen wir da und taten uns leid. Wir waren Kater ohne Geburtstage. Ohne Geschenke. Und ohne Kuchen. Ich: elegant, aber etwas zu rundlich. Ein wenig. Fast gar nicht. Rudi: mit abgeschnittenen Schnurrhaaren und geschorenem Fell. Ein Bild des Elends. Wir ließen die Köpfe hängen. Aber nur kurz.

Dann streckte Rudi den Rücken durch und sagte: »Du kannst doch Fritzes Geburtstag mitfeiern.«

Da hatte er recht. Und mich freuen, dass ich da bin, konnte ich sowieso.

»Ich würde ihr gerne was schenken«, sagte ich. Wir dachten einen Moment nach.

»Blumen?«, fragte Rudi.

»Nee, die kriege ich immer so schlecht abgebissen«, antwortete ich. »Vielleicht einen Fisch?«

»Das Restaurant ist geschlossen«, erinnerte er mich. Dann sagte er: »Meine Menschen sind jedes Mal total glücklich, wenn ich eine Maus mitbringe. Die Mutter schreit vor Freude und die Jungs streicheln und loben mich.«

Ich seufzte. Mäuse waren sooo anstrengend zu fangen. Aber ja. Okay. Für Fritze würde ich eine Maus fangen.

»Kommst du mit?«, fragte ich.

»Geht nicht«, sagte er. »Die Schnurrhaare.«

Das hatte ich fast vergessen. Ohne Schnurhaare stieß Rudi überall an. Er musste in seinen Garten zurück, wo er sich auskannte. »Na, dann werde ich mal«, sagte ich. »Viel Glück«, wünschte mir Rudi und lief nach Hause.

Ich brauchte Stunden. Erst fand ich keine Maus. Dann sah ich eine, aber sie war so flink, dass ich sie nicht kriegte. Ich musste wohl tatsächlich ein bisschen an meiner Schnelligkeit arbeiten. Die zweite Maus kroch zwischen Haus und Schuppen, wo ich nicht hinkam. Weil ich … ähm … ein kleines bisschen zu rundlich bin. Eine dritte Maus lief mir aus den Pfoten, weil ich es nicht über mich brachte, sie zu beißen, als ich sie hatte. Sie sah so niedlich aus mit ihren Knopfaugen und zitterte am ganzen Leib. Als es

hell wurde, hatte ich die Hoffnung aufgegeben, Fritze noch ein Geschenk mitzubringen. Ich legte mich auf die Terrasse und wartete, dass ich mit dem Maunzen anfangen konnte.

Und dann sah ich sie. Sie lag direkt hinter dem Blumentopf und rührte sich nicht. Ich spitzte die Ohren und schlich vorsichtig näher. Keine Bewegung. Nichts. Eine wundervolle kleine Maus. Und sie war mausetot. Wahrscheinlich war sie gestorben, weil sie solche Angst vor mir hatte. Ich musste sie nur noch vor die Tür legen. Vorsichtig rollte ich sie mit den Pfoten auf die Fußmatte. Sie fühlte sich weich und leicht an. Anders als andere Mäuse. Egal. Dann setzte ich mich daneben und wartete.

19

Als Fritze aufwacht, ist es erst sechs Uhr. Aufstehen geht noch nicht, weil sie heute nur mit Mama und Papa ins Wohnzimmer darf. Also liegt sie ein paar Minuten im Bett und freut sich ganz für sich allein, dass sie geboren ist. Und dass sie Mama und Papa und Oma und Opa und Emma hat und dass sie Geschenke bekommt und Kuchen.

Eine Minute später kommen Papa und Mama rein. »Guten Morgen, Geburtstagskind!«, rufen sie und dann gibt es eine Umarmung von Mama und eine von Papa und Mama sagt: »Jetzt bist du schon seit zwei Stunden auf der Welt«, denn Fritze ist morgens um halb fünf geboren worden. An jedem Geburtstag erzählt Mama, dass sie es kaum noch ins Krankenhaus geschafft haben und dass Fritze fast im Auto geboren worden wäre. Fritze findet es schade, dass sie nicht im Auto geboren wurde. Krankenhaus kann schließlich jeder.

Sie ziehen sich alle drei an und gehen dann runter. Fritze hat das Kleid und die Turnschuhe schon gestern ausgesucht, damit es heute schnell geht. Von unten hören sie Mika. »Dieser Kater ist eine Landplage«, seufzt Mama.

»Er will Fritze zum Geburtstag gratulieren«, sagt Papa.

Als sie ins Wohnzimmer darf, brennen die Kerzen auf dem Kuchen und es stehen ein großes und zwei kleine Pakete da. Mika
maunzt herzerweichend. Mama und Papa singen und küssen sie
noch mal und Papa macht Bilder von ihr und von dem Tisch und
Mika maunzt.

»Kann ich Mika reinlassen?«, fragt Fritze. »Er muss doch dabei sein.«

»Na klar«, sagt Papa.

Fritze macht die Tür auf und fährt erschrocken zurück. Auf der
Fußmatte liegt eine kleine, flauschige Maus. Mika sitzt daneben

und schaut sie erwartungsvoll an. Fritze kommen fast die Tränen. Die arme Maus!

»Oh, er hat dir ein Geschenk mitgebracht«, sagt Papa. »Dafür musst du ihn jetzt loben.«

Fritze muss sich ein bisschen überwinden. Sie kniet sich hin und streichelt Mika, obwohl die Maus ihr leidtut. »Danke, Mika, das ist sooo lieb von dir.« Mika schnurrt und blinzelt ihr zu. Fritze blinzelt zurück.

Mama ist auch zur Tür gekommen. Sie fängt an zu lachen. Fritze sieht sie erstaunt an.

»Mika ist echt ein Held!«, sagt Mama. »Das ist die Spielzeugmaus, die früher an der Schnur hing. Die suche ich schon ewig, um ihn mal ein bisschen in Bewegung zu bringen.«

Endlich darf Fritze die Geschenke auspacken! Im großen Paket ist der Basketballkorb. In den zwei kleinen ein Badeanzug und ein Buch über Planeten. Fritze ist sehr froh, dass die Maus nur ein Spielzeug ist. Sie wird sie wieder an die Schnur binden und mit Mika spielen. Er ist wirklich ein bisschen rundlich geworden. Ein wenig. Fast gar nicht. Aber doch. Fritze ist glücklich, dass sie jetzt sieben Jahre alt ist. Sie kann schon viel: sechs Bahnen am Stück schwimmen. Sehr gut rechnen. Ziemlich gut lesen. Und eins steht fest: Sie weiß jetzt, was der Kater macht, wenn sie schläft.

Ich habe es mir nicht anmerken lassen: Aber ich war schon sehr stolz. Der Vater hat mich gelobt und die Mutter musste lachen. Fritze hat fast geweint vor Freude. Dann hat sie die Maus tatsächlich zu ihren Geschenken gelegt. Abends gab es den feinen rosa Fisch. Fritze hat mir heimlich was in den Napf gelegt. »Weil Geburtstag ist«, hat sie gesagt. Wahrscheinlich war es wegen der Maus.

Ich glaube, das mit den Mäusen gefällt mir.

Das mache ich jetzt öfter.

SILKE LAMBECK ist in Berlin aufgewachsen, wollte als Kind Stewardess werden, weil sie die PanAm-Uniformen so schön fand, hat dann aber lieber Germanistik und Theaterwissenschaften studiert und wurde schließlich Journalistin. Für ihre journalistische Arbeit erhielt sie den renommierten Theodor-Wolff-Preis. Seit mehr als zehn Jahren schreibt sie außerdem Bücher für Kinder und Erwachsene, für die sie mehrfach ausgezeichnet wurde, u. a. mit dem Prix Chronos und dem Hansjörg-Martin-Preis. Bei Gerstenberg sind *Das Weihnachtsmannprojekt, Herr Röslein, Herr Röslein kommt zurück, Mein Freund Otto, das wilde Leben und ich* und *Mein Freund Otto, das große Geheimnis und ich* erschienen. *Mein Freund Otto, das wilde Leben und ich* wurde für den Deutschen Jugendliteraturpreis und den Zürcher Kinder-BuchPreis nominiert und mit dem Leipziger Lesekompass ausgezeichnet. Silke Lambeck lebt mit ihrer Familie in Berlin, das immer noch ihre Lieblingsstadt ist.

KARSTEN TEICH wurde 1967 in Hannoversch Münden geboren. Nach seinem Kunststudium an der Hochschule der Künste
in Kassel hat er für diverse Zeitschriften und Tageszeitungen
gearbeitet und gestaltet seit 2001 sehr erfolgreich Kinderbücher.
Er lebt mit seiner Familie in Berlin.

Mit Bildern von Karsten Teich
120 Seiten, gebunden
ISBN 978-3-8369-6047-2

Silke Lambeck

Herr Röslein

Seit Moritz mit seiner Familie in
die neue Stadt gezogen ist, gibt es zu
Hause und in der Schule jede Menge
Ärger. Da trifft er eines Tages Herrn
Röslein im Treppenhaus. Der freundliche ältere Herr mit dem grauen
Zopf ist kein gewöhnlicher Nachbar,
das merkt Moritz schnell. Er kann die
besten Orangenkekse backen, weiß,
wo man Regenschirme erntet und
wie man Parktiger zähmt – und er
bewirkt Dinge, die Moritz nie für
möglich gehalten hätte ...

Eine beglückende Lektüre   NZZ

*Wie gut, dass es den wunderbaren
Herrn Röslein gibt!*   Focus

www.gerstenberg-verlag.de

Silke Lambeck

Herr Röslein
kommt zurück

Mit Bildern von Karsten Teich
144 Seiten, gebunden
ISBN 978-3-8369-6096-0

Herr Röslein wird gebraucht!
Schließlich hat Moritz durch das
Kleinwildfernrohr gesehen, wie die
Eisverkäuferin Pippa entführt wurde.
Und da käme die Hilfe seines freund-
lichen Nachbarn mit dem grauen
Zopf und den geheimnisvollen magi-
schen Fähigkeiten gerade recht ...
Einen Freund wie Herrn Röslein
hätte jeder gern! Eine zeitlose, mit
viel Wärme und Humor erzählte
Geschichte mit dem Zeug zum
Klassiker.

Herr Röslein ist ein echter
Glücksfall.   Kinderbuch-Couch

www.gerstenberg-verlag.de